热卖全球

卓越国际品牌塑造指南

(Sean Duffy)

［瑞典］肖恩·达菲 — 著　邓星悦 — 译

International
Brand Strategy

A Guide to Achieving Global Brand Growth

中国原子能出版社　中国科学技术出版社

·北　京·

International Brand Strategy: A Guide to Achieving Global Brand Growth.
© Sean Duffy, 2021.
This translation of Investing Explained is published by arrangement with Kogan Page.
Simplified Chinese translation copyright by China Science and Technology Press Co., Ltd
and China Atomic Energy Publishing &Media Company Limited.

北京市版权局著作权合同登记　图字：01-2023-3022。

图书在版编目（CIP）数据

全球热卖：卓越国际品牌塑造指南 /（瑞典）肖恩
·达菲（Sean Duffy）著；邓星悦译 . —北京：中国
原子能出版社：中国科学技术出版社，2024.2
书名原文：International Brand Strategy: A
Guide to Achieving Global Brand Growth
ISBN 978-7-5221-3175-7

Ⅰ . ①全… Ⅱ . ①肖… ②邓… Ⅲ . ①品牌战略—研
究 Ⅳ . ① F273.2

中国国家版本馆 CIP 数据核字（2023）第 233990 号

策划编辑	褚福祎	**责任编辑**	付　凯
文字编辑	褚福祎	**版式设计**	蚂蚁设计
封面设计	创研设	**责任印制**	赵　明　李晓霖
责任校对	冯莲凤　张晓莉		

出　　版	中国原子能出版社　中国科学技术出版社	
发　　行	中国原子能出版社　中国科学技术出版社有限公司发行部	
地　　址	北京市海淀区中关村南大街 16 号	
邮　　编	100081	
发行电话	010-62173865	
传　　真	010-62173081	
网　　址	http://www.cspbooks.com.cn	

开　　本	880mm×1230mm　1/32	
字　　数	192 千字	
印　　张	9.75	
版　　次	2024 年 2 月第 1 版	
印　　次	2024 年 2 月第 1 次印刷	
印　　刷	北京盛通印刷股份有限公司	
书　　号	ISBN 978-7-5221-3175-7	
定　　价	79.00 元	

（凡购买本社图书，如有缺页、倒页、脱页者，本社发行部负责调换）

序
问题何在

人们在想到跨文化营销的失误时，通常想到的是有趣的翻译错误。你可能也遇到过这样的情况。《公司》（*Inc.*）杂志就曾列举过这些例子：

● 瑞典公司伊莱克斯（Electrolux）在美国推销其真空吸尘器时打出了这样的标语："没有什么比伊莱克斯的吸尘器更能吸了。（Nothing sucks like an Electrolux.）"但这句话还有一个意思是"没有什么比伊莱克斯的吸尘器更烂了"。

● 美国品牌伊卡璐在德国推出了一款名为"雾定型（mist stick）"的卷发器，但不幸的是，"mist"在德国俚语中意为粪便或肥料。

● 许多企业都在中文翻译上遇到了困难，其中就有可口可乐。它首次在中国营销时，产品名被翻译成了"蝌蚪啃蜡"。

虽然这些案例很有趣，而且在互联网上广为流传，但这些失误并不足以毁掉一个企业。这些都是企业在国外开展活动时遇到的小问题。虽然这些失误可能会令人尴尬，但只要在短时间内得到纠正，其影响通常很短暂。据我所知，在这些网络轶事中提到的品牌，都没有因为它们的文化失误而直接受到长期影响。

我们将在本书中讨论的营销问题远没有那么有趣，它们的破坏性要大得多，而且在大多数情况下是看不见的。无论是面向消费者的品牌还是面向企业的品牌，无论是小型初创企业还是大型企业，都深受其害。

准备好迎接挑战吧

托马斯·弗里德曼（Thomas Friedman，美国记者，经济学家）赞同西奥多·莱维特（Theodore Levitt，现代营销学奠基人之一）的观点，认为世界是平的。他们二人指的是一个人口、通信、商品和服务可以毫不费力地跨越国界的世界。弗里德曼写他的著作时，全球互联网用户刚刚接近 1 亿。如今全球已有超过 45 亿网民。这引发了在线零售网站的低成本、模块化、交钥匙工程①。热潮，以及自动化销售和客户关系管理、

---

① 国际商务方式之一，跨国公司为东道国建造工厂或其他工程项目，一旦设计与建造工程完成，包括设备安装、试车及初步操作顺利运转后，即将该工厂或项目所有权和管理权的"钥匙"依合同完整地"交"给对方，由对方开始经营。——编者注

全球物流支持、付款处理业务，甚至是实时客户支持的兴起。通过联合办公，你可以在地球上几乎每个主要市场的市中心都拥有一个办公空间。对于大大小小的企业来说，世界似乎从未如此之小，外国市场的吸引力也从未如此之大。那么，为什么到海外投资的企业如此之少？在这些企业中，为什么能成功的又少之又少呢？

虽然新产品上市的平均失败率经估计往往高达 95%，但这一数据的准确性还有待商榷。偏保守一点地估计，如 52.5% 的中位失败率可能更接近事实。即便如此，50% 左右的概率也并不可观。对那些寻求海外发展的企业来说，这预示着更糟的情况。因为最常引用的失败率是针对国内产品发布情况而言的。在国际上发行产品涉及更多不确定的环节，因此比国内发布产品更容易失败。

在本书中我们会看到，无论一个品牌在国内有多强大，或发行的资金有多充足，市场总有可能根本不接受它。正是这种威胁的不确定性，使得品牌认可度成为最棘手的问题之一，也是企业进入新市场时要面临的商业风险的主要来源。是什么导致了这样的失败率？那些最接近前线业务的从业人员，包括我自己，最常提到的原因是缺乏足够的准备。这是个好消息，因为在所有可能出错的事情中，这一点可以完全受你掌控。只要有远见，有一点点自律，再加上本书的建议，你就可以让你的品牌免于失败。本书提供了具体的步骤和实用的建议，供营销人员在品牌推出之前、推行期间和之后参考遵循，以确保其品牌在国外市场得到高度认可并实现业务拓展。

本书设想的情形是，你进入新市场不仅是为了销售，也是为了为你的品牌建立资产，为你的客户带来价值，为你的公司创造利润。它假定你想成长为一名营销人员，假定你想有所作为。

如果你按照我在本书中阐述的路径走，你将能够超越你的竞争对手，无论大小，无论是在国内还是在国外。虽然这目前还只是一个想法，但它产生的依据是我这30年里与六大洲数百个营销部门合作的第一手工作经验。我相信你会成功的原因是，现今大多数营销部门都过度运用数据，但缺乏洞察力。他们擅长战术，却在战略上举步维艰。从网络分析和转发数据来看，他们的贡献显而易见，但从运营利润和品牌估值来看，就不那么明显了。本书中的建议将使你和你的企业区别于以上这些，能够脱颖而出。

视角的力量

当数据和战术能够使战略更具洞察力并为其提供信息时，它们的作用就会发挥到最大。要做到这一点，你需要的不仅是研究和分析技能。你和你的团队需要从目标视角培养思考问题的能力——站在买方的角度看世界。如果说营销有艺术，那这就是其中的艺术。

能够从目标市场的角度制定战略并进行沟通是营销的主要技能，但这项技能并不像听起来那么容易掌握。我来举例说明一下。想象一下，你的客户站在一扇玻璃窗的另一边。你在里面，手里拿着一支崭新的白板笔。他们就在外面的露台上看着你。乍一看，与他们交流似乎很简单：你决定你想说的内容，然后把它写在玻璃上。但要从他们的角度来看待问题。从外面往里看，一切都是反着的。那是因为文字是从你的视角写的，而不是他们的视角。你写在窗户上的字从外面看可能看不懂，但它们仍然传达了一个强烈的信息："我不理解，也不关心你的看法。"

现在找一支笔，试着把"绷带"这个词反着写在一张纸上。写完后，把纸转过来，把它举到灯光下，看看你写得怎么样。我想你会发现这并不那么容易，而且这还只是一个词。想象一下，像这样写一个完整的广告、小册子或营销计划。再想象一下，用一门与母语拼写不一样的外语来做这件事。不出意外的话，这将是一项自制力和专注力惊人的行为。

这是一个简单的比喻，用于解释那些希望在海外发展业务的企业可能面临的最大挑战。默认情况下，大多数企业都是从自己的角度与买方沟通。这不仅体现在信息传递上，也体现在你的企业开展业务的各个方面，比如：

- 产品特性优先反映企业的考量，而非目标客户的需求。
- 退货方案提高了企业内部的效率，但客户却无法享受到。
- 产品命名系统对内部人员有意义，但对外部人员无意义。
- 网络上发布的主题内容是目标客户不感兴趣的。

这种情况一直存在。为什么？因为如果不这样做，就需要有超常的自制力和专注力。我们的大脑并不是生来就可以这样运作的，但它是可以训练的。大多数企业根本没有能力做到这一点。如果你能做到，那么你就有了优势。

这就是我写本书的目的。我想帮你和你的企业创造利润，与此同时，让你的品牌在进入的每一个市场中都能从目标客户的角度呈现明确且卓越的价值。让你的品牌，即便不一定反映你自己的实际情况，也要反映目标客户的现实需求。这就要做到：

- 提供符合他们的需求和选择的产品。
- 与他们的交流不仅要体现他们的语言，还要体现他们的文化和价值观。
- 产品定位可以让他们轻松了解你的产品的不同之处。
- 通过行动赢得他们的忠诚，让他们相信你理解他们的视角。

关于本书

本书的前半部分将帮助你为进军新市场做好规划。这部分内容提供的实践指导和实际案例可为你在国外市场不断取得成功奠定基础。无论你是在为品牌出海做准备，还是已经启动了出海项目，你都可以将此部分内容用作实践或补充。

本书后半部分的侧重点在于：当你的品牌已投入海外市场并开始与当地品牌展开竞争后，你应如何为品牌创造价值。虽然这部分内容是针对国际市场营销人员编写的，但我想你会发现其中大部分案例和建议同样适用于国内营销。

我在本书中介绍了 6 个启发式模型。这些模型将在国外市场推出和管理品牌的过程中发挥其实用价值：

● 我在第二章中对营销贡献模型做了阐述。该模型介绍了营销部门应为其公司贡献的 3 种价值，且营销部门应根据这 3 种价值来安排预算、评估业绩。

● 第七章介绍了"八大投入"模型。该模型可作为一个小型指南，指引你在为新市场定制营销组合时运用其所需的八大核心要素。

● 第十一章介绍了达菲品牌资产循环模型。该模型模拟了如何从买方的角度建立品牌资产以及企业应通过哪些步骤将一个路人变成客户，再将其变成品牌拥护者［以净推荐值

（NPS）为衡量标准］。

● 我在第十二章中以一个简单的尺度作比，介绍了净感知价值的概念，以此帮助你直观地了解价值，并明白营销人员应如何管理价值。

● 第十三章中的 2 个模型改编自菲利普·科特勒的产品三层次模型，我将这 2 个模型称为 3D 产品模型和 3D 成本模型。

各个机构都有许多利益相关者，从现有的和未来的员工、客户到投资者、公众。品牌管理会对所有这些利益相关者产生影响。对于客户，我倾向使用"买方"一词而不是"客户"，因为后者意味着此人已经与品牌产生了联系。在我看来，"买方"这个词更具包容性，可以指现有的和潜在的客户。但该词也有其局限性，比如，它不适用于非营利组织，因为非营利组织的产品是一种思想，不需要用货币来交换。不过我想你会发现，虽然选词不够理想，但这些原则却仍然适用。

本书面向的是以消费者为产品销售对象的企业和以企业为销售对象的企业。这 2 种情况的案例，我在本书中都有呈现。此外，无论是出售产品还是服务的企业，本书中的内容都同样适用。为了简便，我统一用"产品"一词来指代企业提供的实物产品和（或）服务。而我在用到"产品"或"供应"这种词时，指的是第十三章中定义的产品的 3 个层次。同样，我在提到产品的"成本"时，也是参照第十三章中对该词的定义。

本书针对的是中等规模的企业，我认为它们是对本书最有需求的群体。但本书中的经验同样适用于大型和小型企业。

本书的内容以及我的大部分经验，都集中于如何在他国提升品牌资产。从某种意义上说，他国仅是指本国以外的国家，这一点看地图就可以轻松推断出来。但他国也意味着异于本土的环境和习俗。这一点对你解决国内新的细分市场适用，在你攻克远在地球另一端的新的细分市场时也同样适用。

最后，虽然听起来可能有悖常理，但本书也的确适用于那些认为自己与其他品牌根本没有竞争关系的企业。我会在第十四章中说明为何销售大宗商品的企业也能从本书的建议中获益良多。如果你就是做大宗商品业务的，不相信我说的话，那我建议你现在就跳到第十四章读一读。

品牌：将宣传与废话区分开来

如果听到营销人员喋喋不休地谈论品牌虚无缥缈的特性和"品牌化"的活动，你就感到头晕目眩，那我对你的痛苦感同身受。"品牌化"这个词在市场营销中一直是一个模糊的概念。它通常是所有感性的、无形的和不可量化的东西的统称。在20世纪90年代，这些东西经过包装变成了品牌咨询行业。感性的、无形的和不可量化的力量可以影响一个企业，这个说法是成立的。市场营销人员为捍卫其地位而推出的大量模型和方法，就不那么重要了。正如克里斯·肯顿（Chris Kenton）所说："整整一代的营销人员都找到了一种方法来掩盖显而易见的东西，目的就是让品牌变得更加神奇，使它变得足够费解，以至于你需要顾问来帮你弄清楚。"冒着为这一可疑立场添砖加瓦的风险，本书将从以买方为中心、与运营相关的角度来探讨品牌。

如果你在互联网上搜索"品牌化"或"品牌"的相关定义，你会发现许多精辟但老套的说法。像"承诺与期望的交集""管理消费者期望的艺术和科学"，还有我最喜欢的"一切"，这些定义都很标准化。随着我的职业从文案撰稿人，到创意总监，到策划师，再到战略师和代理企业老板，我对"品牌"和"品牌化"的看法发生了变化。我不再乐于顺从那些用于定义和捍卫这些术语的模糊逻辑。在我开始创建项目来帮助我的客户建立他们的品牌时，他们身上的矛盾和模糊性是最为明显的。这是因为，为了做好我的工作，我需要根据具体的目标、期限和步骤来定义"品牌"以及提升品牌价值的活动。我必须为每个步骤分配合适的人力资源；我必须建立明确的角色分工；我必须确定对成本和时间的估算。每一个步骤都必须按照适当的顺序放在时间轴上，并与所有其他步骤有明确的联系。在初始设置完成后，我要确定例行日程来维持工作，要定义具体的指标来衡量工作的成功与否。此外，这些活动及其对企业的价值必须被量化，详细解释，并证明给为项目付费的人。在这一层面上，大多数"品牌"和"品牌化"的定义中的矛盾和模糊性使它们变得毫无用处，因为它们根本不具备可操作性。

在我的《品牌理论》（*Brand Theories*）一书的内容中，我写了一章，名为《有意义：谈论品牌的实用指南》。我在其中定义了什么是"品牌"，以及为什么"品牌化"不是一种活动。为了清晰起见，我们在此回顾一下该项工作中涉及的一些关键术语，可能会对你有所帮助。

● 品牌本质上的定义是一个商标——一个名称和（或）符号（通常以特定的设计处理、短语或以上这些的组合呈现），会有组织在其中投资，以使其产品或组织与同类别中的其他组织区别开来。它是营销活动产生的价值的储存地。

● 品牌识别是指企业希望其品牌在市场上被感知的方式。这种识别是由整体的营销战略决定的，并通过精心设计使其与其他品牌积极地区分开来。当这种识别牢牢扎根于事实，而不是简单地为了讨好某个细分市场而捏造的时候，其效果最好。

● 品牌形象是指品牌在市场上实际被感知的方式。这包括价值观、特征、个性和人们对品牌的其他联想。品牌所有者希望品牌形象能与他们精心打造的品牌识别完全一致，但这种情况很少发生。

● 品牌实施战略是指企业将如何克服障碍，使其品牌识别得以运作。这就需要对员工进行培训和不断强化，以确保所有部门的所有员工都能统一践行品牌价值观。如果做到了这一点，那么品牌价值观就会令人信服地被传达给目标受众，并塑造出品牌形象。

● 营销战略是对企业目标的定义，并为企业如何克服障碍以实现这些目标提供总体指导。它定义了赢取并捍卫市场份额的方法以及市场细分、竞争对手细分、目标定位、产品定位、价值定位和支撑点等具体内容。

在这种分类法中，并没有所谓的"品牌化"这种活动。为了确保品牌识别能传达给目标受众，企业里的每个人都只是按照品牌识别以及作为品牌实施战略的一部分而建立的指导方针和培训来完成他们的工作。

这种类型的战略发展以及对品牌的投资和管理，都需要人才、预算和时间。这大概可以解释，为什么固守短期利润的企业会躲避品牌发展活动。这些企业会不会在中长期内卖空自己的业务呢？

你当然不必在海外市场建立品牌资产来销售你的产品。你可以直接将你的产品按"贴牌"的方式卖给当地企业，这些企业会以他们自己的品牌来出售产品。你也可以通过经销商进行销售，虽然产品上印有你的商标，但你并没有在市场上进行投资来支持这个品牌。选择不在国外市场发展你的品牌可以减少复杂性，降低风险和成本。那么，为什么一开始就要在国外建立一个积极的品牌形象呢?

一个积极的品牌形象可以让你在你所进入的市场中有更多的方法争夺客户，而不仅是依靠产品核心功能和价格。在紧张的劳动力市场上，它还可以帮助你争夺员工，而不必用虚高的工资迫使他们工作。最重要的是，它能让你从市场中获得更多的价值。明白这一点的企业不仅会努力获得更多的客户，还会争取获得更多的拥护者。他们知道，除了销售之外，培养品牌忠诚度有助于支撑他们的高端价位，并增加未来销售的可能性——所有这些都会增加企业的价值。因此，企业能够更容易地招聘人才，收取更高的价格，增加企业的价值，这些都是相当有说服力的理由，让你考虑投资你的品牌，而不是简单地销售产品。引进战略并结合适当的品牌管理，可以改变企业。这适用于所有企业，无论它们的销售对象是个人消费者还是其他企业。

感谢

我发现，创作一本书，就像众筹一样——你不可能独自完成。如果你打算自己写一本书，我想我可以给你一个清单，列出你需要的 8 个人。

（1）帮助你应对截稿压力的母亲。我第一次经历截止日期是在二年级。当时，我正在为卡尔·梅姆林（Carl Memling）的《丑陋的腊肠狗（小金书）》[*The Ugly Dachshund* (*A Little Golden Book*)] 做读书报告。我拖拖拉拉，到了截止日期的前一天，我还在看书。我很害怕要告诉贝尔纳黛特修女（Sister Bernadette）我要不及格了。但我的妈妈告诉我，坐在厨房的餐桌旁，只要有一点条理并充满同情心，就可以完成任务。最后我的报告得了 A。谢谢你，妈妈。

（2）一个为你画地图的人。父亲去世 9 个月后，我试图重现他每逢节日都会在我们家前院草坪上布置的圣诞灯饰盛宴。我在车库里发现圣诞灯饰都摆放得整整齐齐。最上面是一张手绘的整个院子的地图，上面精确到哪根灯丝应该插在哪棵灌木里，插到哪个插座上。这是我和兄弟姐妹们在适应没有他的生活时，微笑着发现的他给我们留下的指引。我很感激我的父亲，他教给了我计划和过程的价值，还给我留下了地图，不仅有书面的；还有其他形式的，我每天都用这些地图来为我的人生导航。

（3）一个足够了解你，能理解你想表达的内容的朋友。我是在缅因州科尔比学院（Colby College）新生报到的第一天认识里克·豪泽（Rick Hauser）的。他学的是商业和经济，我学的是生物和文学。我们的共同点一直是幽默、狂欢作乐和对逻辑的敬畏。里克提前从华尔街退休后，举家搬到了佛蒙特州的一座山的山顶。从那时起，他坚持阅读我写的每一个字，并帮助我梳理我在本书中真正想要表达的东西。感谢里克,感谢你敏锐的逻辑,直接的反馈以及从家人身边留出的时间,帮助我把本书变得更好。

(4)一个能提出棘手问题的老师。2008年9月,我做了一个题为"国际营销的七宗罪"的演讲。在问答环节,同一个人向我提出了一连串令人痛苦的问题。我在台上,看不到这位折磨我的提问者,但好在我后来找到了她。她邀请我到瑞典隆德大学经济与管理学院(LUSEM)讲课,由此开始了我们的专业合作和友谊。我特别感谢韦罗妮卡·塔尔诺夫斯卡娅(Veronika Tarnovskaya)和我有幸在LUSEM教授和指导过的研究生。我想我从他们身上学到的东西和他们从我身上学到的一样多。

(5)一个能激励你的老板。1991年,在我从旧金山搬到瑞典后不久,我认识了克里斯蒂娜·比约纳(Christine Bjorner)。她当时在斯德哥尔摩的一家广告企业工作,这家企业很快成了埃培智集团(Interpublic Group)的一部分。我们一拍即合,她聘请我为斯堪德纳维亚航空公司(Scandinavian Airlines)的全球客户工作。克里斯蒂娜引导我了解了国际营销。在接下来的十年里,我们并肩工作,度过了愉快的时光,还一起拓展了企业的国际业务,直到2001年我离开埃培智集团,创办了达菲代理公司(Duffy Agenly)。感谢克里斯蒂娜,感谢你给予我的信任、友谊和鼓舞。

（6）一个保护你后背的武装直升机飞行员。本书的大部分内容是我在美国新罕布什尔州北部一个湖边的僻静之处写的。我在那里遇到了3个对手：寒冷、幽居病、注意力分散。一位曾是美国陆军特种部队成员的一级准尉除了为我提供交通之便、送来木柴外，每天都会来问问我的情况。他每次在聊天前都会问我一个同样的问题："从昨天到现在，你写了多少？"如果页数没有达到他的要求，我就会受到口头上的"鞭笞"。感谢埃基姆·耶尔诺克（Ekim Yelnoc）对我写本书的支持，感谢你40年来对我6本书的支持。

（7）一个在你完成作品时为你庆祝的家庭。感谢埃里卡（Erika）、利亚姆（Liam）和瑞安（Ryan），感谢你们一直以来的爱和支持，即使我陪伴你们的时间变成了写作时间。我爱你们，没有你们，我不可能写出本书。孩子们，别担心，我没有忘记我的承诺，等本书出版时，我会与你们一同庆祝。

（8）你。我听说没人会看书中的感谢词，所以我想感谢你。我写本书是为了给你和你的企业提供价值。我不奢求你同意每一个想法，但我欢迎你给出反馈，并希望你能就我提出的话题分享你的观点。

如果不在这一部分表达我对科根佩奇（Kogan Page）的每一个人的感激之情，这篇感谢词就不完整。感谢你们当初鼓励我写本书，感谢你们和我一起走过这段旅程。感谢我过去和现在的客户，感谢你们的信任，感谢你们为我带来了现实的挑战和经验教训，这些我都会在本书中与大家分享。感谢我在本书中提到的每一位专家，感谢德里商学院（Delhi School）的桑杰伊·库马尔（Sanjay Kumar）教授，感谢他们所分享的见解。我还要感谢我在 Duffy Agency 和 TAAN 国际（TAAN Worldwide）的同事们的支持，尤其是格兰特·亚当斯（Grant Adams），他一直在努力安排我的工作和写作。

目　录

第一部分
海外市场战略

第二部分
创造并传递价值

海外市场战略

Sale!

导言
未达目标

2013 年 3 月 18 日上午，在加拿大安大略省温莎市的德文郡购物中心（Devonshire Mall），一个兴致勃勃但略显憔悴的年轻人站在一小群匆忙聚集的记者面前。他身着醒目的棕褐色西装外套、红色领带和红白条纹衬衫，邀请记者们参观刚刚宣布将于次日开业的塔吉特（Target）百货公司。塔吉特百货公司是美国最大的零售商之一，其经营理念是"品类多，花钱少"。就在这个特别的早晨，这家零售巨头开始了它在邻国加拿大的第一次"海外冒险"。带领参观门店的是 38 岁的美国人托尼·菲舍尔（Tony Fisher），他是塔吉特加拿大公司的首席执行官。

加拿大的前 3 家店早在 2 周前就开业了。温莎店是计划在未来9个月内开设的124家加拿大门店中的第四家。对塔吉特来说，这已经是一个艰难的开始，这一点从菲舍尔先生疯狂回答记者提出的有关定价和选址、空货架和未经宣布的开张等各种问题中可以看出。

那天早上，当菲舍尔在开始他的参观时，外面发生了一件不寻常的事。温莎的温度已经达到0℃，且在几分钟内骤降至−18℃。这时，即便有更强大的力量试图给菲舍尔和塔吉特发出信号，也会被忽视。

不到14个月，菲舍尔和聘用他的美国首席执行官都将被解聘，2015年1月15日，塔吉特宣布将完全退出加拿大。塔吉特关闭了所有133家加拿大门店，一共有17 600名员工失业。据加拿大《金融邮报》（*Financial Post*）报道，这次错误的"冒险"估计给塔吉特造成了54亿加元（55亿美元）的税前损失。

《财富》杂志的结论是："塔吉特未能吸引加拿大的购物者，加拿大有3600万人口，生活方式与美国人相似，但习惯上的差异足以使其成为美国零售商的潜在雷区。"

成功已成定局

塔吉特在加拿大上市时命运多舛，部分原因是这次努力尝试失败得太彻底，但主要原因是这次失败太出乎意料了。

从理论上看，塔吉特似乎拥有一切有利条件。首先，塔吉特的创始地和总部位于明尼苏达州的明尼阿波利斯市（Minneapolis），距离加拿大边境仅360千米。塔吉特有50余年的良好商业记录，尤其是在营销决策方面。塔吉特年收入超过700亿美元，在美国各地稳步发展，成为仅次于沃尔玛（Walmart）的全美第二大折扣零售商。该公司对其消费者了解深入，且具备令人印象深刻的商业头脑。它在美国有1800多家门店，据估计75%的美国人居住在距塔吉特百货10英里（约16.1千米）以内的地方。所以它考虑在其本土市场以外进行扩张是可以理解的。

在2011年之前，塔吉特就表达过对全球扩张的兴趣。其主要的美国竞争对手沃尔玛的门店遍布北美、南美、亚洲、非洲和欧洲。对塔吉特来说，从加拿大开始似乎应是简单的第一步。

塔吉特的价值主张是以低廉的价格提供丰富的选择，这似乎会很受欢迎。而且，加拿大人似乎不需要接受关于塔吉特品牌的宣传。整个加拿大人口中约有四分之三居住在离美国边境仅160千米的地方。因此，近10%的加拿大人已经是塔吉特的固定消费人群，而知道这个品牌的人还要更多。据塔吉特在加拿大开业前8个月进行的一项调查显示，83%的加拿大购物者知道塔吉特品牌，五分之四的人表示有兴趣在塔吉特购物。

很少有品牌能以塔吉特所拥有的这些优势进入外国市场。那么，事情为何发展到如此糟糕的地步？导致塔吉特在加拿大

失败的因素有很多。对其中首要的 5 个原因的概述可能会给你
以启示。

妥协的价值观

整场"冒险"似乎是因一笔房地产交易而起。塔吉特多
年来一直在关注加拿大市场，但拒绝了在加拿大逐步开设门店
的提议。它想一次性就进入加拿大全国范围的市场。然而，在
加拿大，要做到这一点所需的零售业房地产数量是很大的，也
很难达到。因此，在塔吉特发现有机会与沃尔玛竞标，获得吉
乐士（Zellers）（一家濒临倒闭的加拿大折扣零售商）在加拿
大各地的 220 处租约时，它看到了实现其雄心壮志的曙光。17
年前，塔吉特的竞争对手沃尔玛在加拿大起步，当时它从加拿
大伍尔沃斯（Woolworth）公司的加拿大分公司沃柯（Woolco）
手中收购了 122 家门店。

讽刺的是，Zellers 在 1931 年也有过类似的起步，当时它
接管了濒临破产的美国零售商舒尔特联合（Schulte-United）
的门店。Zellers 比塔吉特更低端，但不幸的是，它采用了同样
的红白相间的品牌配色方案。Zellers 的门店规模约为塔吉特门
店规模的一半，其中许多门店所处的区域与塔吉特在美国的门
店几乎没有相似之处。尽管如此，2011 年 1 月 13 日，在沃尔
玛放弃这笔交易后，塔吉特的首席执行官格里格·斯坦哈费尔

（Gregg Steinhafel）还是支付了 18.25 亿加元的租金。

一旦签了租约，时间就紧迫了。斯坦哈费尔曾承诺，企业会尽快开店，避免为闲置的零售门店支付租金。为此，企业制订了雄心勃勃的计划，即在 2013 年年底前开设 124 家门店，并在运营的第一年内实现赢利。塔吉特用了近 20 年时间才在美国拥有 124 家门店。但在加拿大，他们只给自己一半的时间来达到同样的目标。

如果说是某项决策决定了塔吉特在加拿大的命运，那不是它签下高价租约的决定，而是它在此之后，不惜一切代价，避免支付闲置零售门店租金的决定。这一决定的优先级超越了塔吉特的核心商业战略和品牌价值，而后两项都体现在企业的标语上——"品类多，花钱少"。塔吉特这个美国品牌取得巨大的成功所凭借的唯一的使命就是：为其顾客提供优质的折扣购物体验。塔吉特在加拿大让短期财务目标侵蚀了企业的核心价值时，不知不觉地失去了它在当地的唯一竞争优势。这是一个很好的例子，说明你要小心你的期望。塔吉特不惜一切代价开设了 124 家门店——这个代价还包括他们的顾客和业务。

在加拿大为追求财务目标而放弃企业使命，是塔吉特企业精神的巨大转变。从来没有人站出来这么说，不过人们也不需要这么做。这表现在 4 年里，不管给顾客提供什么样的购物体验，塔吉特都目光短浅地执着于开店。虽然托尼·菲舍尔及其他人尽职尽责地讲述了企业关于顾客至上的原则，但很明显，他们的重点在其他地方——只要让门店达到最低限度的可运营状态，就可以开业了。

就在塔吉特加拿大发布会的 3 周后，菲舍尔在多伦多的加拿大俱乐部发表了演讲。他的演讲让我们深入了解了这家企业在加拿大的优先业务。他说："速度一直是整个过程的重点，因为尽快取得成绩很重要，这样我们就可以开始为塔吉特的投资提供回报。"他接着说，"追求速度的一个后果是，我们从一开始就知道我们无法立即做到完美，但我们的最低期望是做到非常好。"菲舍尔承认，塔吉特提供顾客体验达不到其一贯的标准，这让人很不习惯，但他认为这对加拿大市场来说是最好的方法。在 30 分钟的演讲中，他主要讲述了在这么短的时间内开设这么多门店所面临的运营挑战。当你在纠结于供应链所需的基础设施的细节时，要顾及购物者体验的细微之处简直是一种奢侈。

在塔吉特在加拿大把开店放在让顾客满意之前的那一刻，这个品牌就进入了新的领域，它急剧偏离了品牌的原价值观，在加拿大开辟了一条自己的道路。

技术困难

现代零售业依赖于许多软件系统的交互作用，以确保供应链不间断，且有积极的客户体验。在美国，塔吉特已经开发了自己的专有软件，通过软件从供应商处订购产品，通过仓库进行处理，并及时将产品上架。这个系统经过几十年的完善，在美国运行良好，但它从未在国际上运行过。例如，它无法处理不同的货币和语言。考虑到时间紧迫，没有时间对系统进行调整，所以塔吉特认为它可以通过为其加拿大业务购买新的"现成"供应链软件来节省时间。

当然，该系统必须适应塔吉特公司的需求，要手动填充7.5万件商品的数据，并与塔吉特的所有其他系统和流程相融合——更不用说培训时间了。在任何情况下，这都是一个挑战，但在这种情形下，企业中却没有人有使用这种新软件的经验。因此，出现了许多错误。产品尺寸的排列顺序输入错误，导致高度被误认为是宽度或深度。使用的是英寸，而系统却将其转换为厘米。货币输入错误，还有很多信息完全缺失。最后，加拿大系统中大约70%的数据都是错误的，而美国系统中的错误率通常只有1%到2%。

这些错误造成的运营后果是供应链高度失灵。加拿大商业杂志的乔·卡斯塔尔多（Joe Castaldo）在塔吉特关门后采访了近30名前塔吉特员工。他的文章《塔吉特最后的时光》（*The Last Days of Target*）以一个深刻的幕后视角剖析了问题所在。卡斯塔尔多总结了该企业从尝试通过其新的供应链软件下订单的那一刻起所遭受的供应链困境。

从海外进口的产品需要很长时间才能发货，不能按预期装入运输集装箱，关税代码也可能会丢失或不完整。到达配送中心的商品无法及时被处理并运送到门店。其他商品无法被正确地摆放在商店的货架上。看似孤零零的火苗很快就变成了熊熊燃烧的大火，逐渐威胁到，直至摧毁这家企业的供应链。

卡斯塔尔多记录了其他系统如何遭受了类似的命运。由于供应链的问题，在塔吉特加拿大的门店里，空空如也的货架成了常态。这让消费者感到震惊，各报纸和社交媒体也做了大量报道。与此同时，塔吉特公司在加拿大的配送中心已经堆满了产品，以至于需要额外的仓库来存放。这是因为另一个用于控制配送中心，为其预测和补货的软件系统给配送中心填满了产品，数量远超需求量。事实证明，这个新软件需要多年的历史数据才能正常运行。与美国的门店不同，加拿大的门店没有历史销售数据，导致软件无法有效地运行算法。

此外，塔吉特还购买了另一套控制销售点功能的系统，该系统从未经过充分审查或试用，同样导致了一场灾难。自助结账时找零错误，系统经常冻结或给出错误的价格。有时，一笔交易看似通过了，但在顾客带着他们的货物离开后，系统却无法处理付款，导致交易被取消。

价格观念

低价是塔吉特公司优惠政策的核心，也是"品类多，花钱少"这个标语的卖点。在 2013 年开业之前的 2 年时间里，塔吉特也是如此向加拿大人承诺的。平心而论，它确实做到了。根据几项价格调查发现，塔吉特的平均价格与沃尔玛等其他本地折扣零售商的价格相当，但公众并不这么认为。

塔吉特在加拿大的价格明显高于美国的价格。因为许多加拿大人会在美国的塔吉特百货购物，所以他们会将两地门店的价格进行比较。鉴于价格上的差异，加拿大购物者得出的结论是，塔吉特公司已经放弃了在加拿大的低价承诺。加拿大消费者的失望情绪似乎影响了他们对塔吉特品牌的整体看法。尽管塔吉特的价格在加拿大很有竞争力，但消费者仍然认为其价格高于加拿大市场上其他折扣零售商的价格。

从开业第一天起，塔吉特公司就受到各报社和社交媒体对其价格问题的大肆抨击。作为回应，塔吉特公司的加拿大首席执行官陈述了以下事实：

"运输成本、配送成本、燃料成本较高，且全国各地的工资水平、税率、货物成本以及关税各不相同——我认为我们在加拿大的营业规模相比人口密集的美国市场有很大差异。"

问题是，这些情况你不在加拿大开店也能知道。美国和加拿大之间的价格差异及其原因多年来一直是加拿大市场的一个争论点。事实上，加拿大最大的日报就发表了一篇关于这个话题的文章，指出了加拿大人因本地零售价格较高而感觉"被宰"。文章引用了蒙特利尔银行 2012 年的一项研究，该研究发现，加拿大的平均零售价格比美国高出 14%，其中的原因菲舍尔大多都有提及。

2013 年 10 月 30 日，在塔吉特在加拿大开业近 8 个月后，菲舍尔和塔吉特美国首席执行官斯坦哈费尔在多伦多接受了分析师的采访。他们被要求对低于预期的业绩做出解释，并承认他们正在努力改变加拿大人的消费习惯。尽管遭到了消费者的强烈抗议，但他们坚持认为，塔吉特加拿大公司的价格与沃尔玛相比有竞争力，不需要调整。加拿大《金融邮报》的记者霍利·肖（Holly Shaw）记录了斯坦哈费尔的回答。

斯坦哈费尔说："我们在加拿大的发展方向是正确的。"他补充说，"将塔吉特在加拿大的价格与美国某些塔吉特门店的价格进行比较，就像将波士顿地区的价格与艾奥瓦州农村的价格进行比较一样。美国不同地区市场之间的价格差异很大。我们致力于使我们经营的每一个商业区都定价合理，在加拿大也是如此。"

斯坦哈费尔在这里表明的意思是，从本质上说，加拿大消费者的价格认知是不合逻辑的，因此，无论如何，他都将继续遵循塔吉特所贯彻的合乎逻辑的美国定价政策。但无论消费者的购买决定是对是错，他们都有自己的逻辑。营销人员应该越过他们的市场建设和假设，以顾客的角度来看待这个世界。这对于身处美国的斯坦哈费尔来说，已经是他的第二天性，他对于美国购物者的了解已经得到证明了。

斯坦哈费尔对"商业区"的定义似乎是基于一种自上而下、以美国为中心的市场观。但加拿大人的消费习惯超出了他们的"商业区"，但很多情况下这种习惯违背了塔吉特商业区的界限。温莎的消费者可以直接开车到另一个城镇——美国的底特律，在那个商业区购物。加拿大人倾向于在塔吉特预想的商业区之外购物，这一点塔吉特的高管们是有所认识的。但他们仅认识到，跨境购物有助于提升企业在加拿大的品牌知名度和品牌形象，却忽视了一个危险的事实，即如果该公司冒险跨国经营，这些消费者会给企业的品牌影响力造成明显的挑战。

肖报道说，塔吉特公司"没有料到消费者会期望零售商的定价与美国的价格相匹配，因而产生了一些疏离和困惑"。但其实这一点事先并不难看出。事实上，加拿大市场调研企业挑剔视角（Vision Critical）在 2012 年夏天发布的一份报告就明确指出了这个问题。该企业对 1000 多位加拿大消费者的调研发现，塔吉特"品类多，花钱少"的标语激起了 70% 的购物者对低价商品的兴趣。该研究总结道："虽然三分之二的加拿大人认为，在塔吉特加拿大公司的购物体验将与美国相当，但最重要的是塔吉特要做好准备，向加拿大购物者说明定价和促销方面可能存在重大差异的原因，主动避免消费者失望。"

这家市场调研企业在 2015 年对 1500 名加拿大购物者展开了调研，发现高达 89% 的加拿大人认为塔吉特未能兑现其"品类多，花钱少"的承诺。这种从本地消费者角度洞察分析的调查报告不难找，但你首先得走出舒适区，才能看到它们的价值。如果始终沉浸在那种典型的高端视角的市场分析报告中，你是看不到这种文章的。

适应市场

塔吉特在入驻加拿大时似乎也决心改变市场，而非适应市场。它期望加拿大消费者在价格、地点、选择和购物习惯方面顺应其需求。

例如，加拿大购物者往往根据他们需要购买的东西，从具有不同优势的商店中选购。所以，他们可能在沃尔玛购买家庭必需品，在消费者大药房（Shoppers Drug Mart，加拿大零售连锁药店）购买美容和保健用品，在罗布劳（Loblaw）购买杂货。全球一站式购物引领者沃尔玛 17 年的运营刺激都没有改变加拿大人的这一习惯。然而，塔吉特发展计划的一部分就是将自己打造成加拿大的一站式购物目的地。上市约 8 个月后，菲舍尔解释说："我们要重新定义逛塔吉特的意义，这样我们才能从根本上改变消费者的习惯。在这个市场上，消费者已经习惯了要到许多我们的竞争对手那里，这样他们所有的购物需求才能被满足。"这个观点与市场营销是对立的。指望外国买家改变他们的优先选择和行为来适应你的品牌是不现实的。在这种情况下，这个计划就变得更加荒谬了，因为在这一点上，塔吉特没能让人们感知到它的价值，不足以吸引他们进入门店，更不用说改变整个市场的购物习惯了。

塔吉特在 2013 年 10 月的分析师会议上表示，它正在努力改变加拿大人的购物习惯，这一点很能说明问题。菲舍尔介绍了塔吉特的商业模式是如何经过微调，适应美国购物者的需求和习惯，从而在美国的零售市场中竞争的。塔吉特带着这种以美国为中心的商业模式进入加拿大的零售市场，显然是希望加拿大的消费者能够适应它。塔吉特表示，在得知加拿大消费者希望能享受到与美国相同的价格时，他们感到惊讶，而这实际上是众所周知的。意识到这一点后，管理层声称问题出在加拿大消费者的期望上，而不是他们的战略上。在分析师会议上，斯坦哈费尔代表企业在加拿大向加拿大听众传达了他的观点，但他完全是从美国的角度出发，甚至选择以波士顿和爱荷华作为例子。塔吉特尚未学会从国外消费者的视角看世界，并能适应他们的观念。

在宣布退出加拿大市场 9 个月后，即 2015 年 10 月，塔吉特重新进入加拿大市场。这次它推出了加拿大版网站，鼓励消费者网上购物。这一消息引起了加拿大人的热烈反响——直到他们尝试在该网站上购物后。与在美国版网站订购的国内订单不同，加拿大的运费和关税很高。结果，像 25 加元一条的毛毯，加上运费和关税后，加拿大网购者要花费近 70 加元。可以预见的是，这引起了加拿大媒体和消费者的愤慨。加拿大广播公司的标题是"塔吉特现在向加拿大发货了，但消费者对价格感到失望"。讽刺的是，该版网站的主页上还写着"我们爱加拿大"。这种网上购物体验进一步强化了一个观念：塔吉特很难从加拿大消费者的角度看待世界。

低估了竞争

若以"品类多，花钱少"为企业口号，你就给消费者创造了一定的期待，为此，你就要做好竞争的准备。但塔吉特在进入加拿大市场时还没有做好充分的准备。

当然，塔吉特知道它需要提供低价且丰富的选择。但是"低价"和"丰富"都只是相对的概念。营销人员应该问的是："低价和丰富是与什么相比？"而唯一能给出有意义的答案的人就是消费者。

塔吉特加拿大公司是激烈竞争的受害者，其对手是一群精明的营销人员。如果塔吉特公司能够质疑自己对市场的假设，并投入更多时间来了解加拿大消费者，那么它就可以很容易地发现最终导致其灭亡的竞争，并制定战略来应对其带来的挑战。

塔吉特加拿大公司从未承认，它所面对的精明的竞争对手不是沃尔玛，而是塔吉特美国公司。从一开始，加拿大消费者就没有将塔吉特的价格与当地其他折扣零售商的价格进行比较，他们比较的是塔吉特在美国的价格和它在国外的价格。再加上塔吉特的核心承诺是"品类多，花钱少"，因而它在加拿大根本无法满足顾客的价格预期。

2013 年 3 月 26 日，当被问及与塔吉特美国公司的价格差异时，菲舍尔回答说："我仍然在为塔吉特工作，我们并不想与自己竞争。我们想进入这里的市场，和这里的零售业竞争。"毫无疑问，这就是塔吉特想做的，但它没有考虑到当地目标客户的想法。不管塔吉特的目标是什么，加拿大消费者确实看到塔吉特加拿大百货与塔吉特美国百货的竞争。由于未能认识到这一点，也未能认识到美国和加拿大消费者之间的差异，塔吉特与其客户产生了分歧。

在几次采访中，塔吉特加拿大公司的首席执行官都会特别提到，"我为塔吉特工作……"，然后从这个角度来说明情况。这种心态本身就说明了塔吉特在加拿大做出很多糟糕决策的原因。在 2013 年 3 月那个寒冷的早晨，在菲舍尔向记者介绍温莎新店时，他说的话让我记忆犹新。记者问到，顾客在这家新店和美国那边的塔吉特之间所做的选择对他来说是否重要，他回答说："这对于温莎市场来说不重要，因为我为塔吉特工作。我认为对我来说，无论他们是在美国的塔吉特购物还是在加拿大的塔吉特购物，对我来说都是塔吉特。"

他当初应该认识到这个问题的重要性，因为这个选择对他的顾客来说显然很重要。归根结底，塔吉特是在与自己竞争，结果输给了自己。

我们能从中学到什么

菲舍尔和斯坦哈费尔所在的是历史上最成功的企业之一，他们是企业里两颗最耀眼的明星。他们都是成就斐然的世界级零售业商人，却让自己陷入了一个万劫不复的境地。塔吉特冒险进入加拿大市场，作为进入国外市场的错误示范，已经成为教科书级别的案例。但在我看来，这是一个警示，说明那些在本土市场上技巧娴熟、经验丰富且感知敏锐的成功营销人员在进军海外市场时（即使是在有共同语言的邻近市场上）也会犯低级错误。在塔吉特的案例中，这种错误显而易见，但我每天都能看到同样出色的营销人员在跨国经营大大小小的企业时仍在上演同样的场景。

塔吉特所犯的一些错误对一个刚入学的工商管理硕士研究生来说是显而易见的。换个角度，让我们回到 2011 年，想象一下菲舍尔和斯坦哈费尔正在与一位来自某加拿大零售品牌的高管友好地共进午餐，该品牌希望进军美国市场。假设他们希望她能顺利达成目标，那么菲舍尔或斯坦哈费尔会认同这位加拿大高管的计划有：

● 费近 20 亿美元购买不太符合品牌定位的网站？

● 承诺在 9 个月内开设 124 家门店（这是一个史无前例的启动计划）？

● 让一个能力极强但对当地市场毫无经验、从未白手起家独自开过一家店，更没有一下子开过 124 家店的人来负责当地的企业？

● 在发现实际运营门店的系统没有一个能在开业前及时正常运转后，仍然决定保持原来的进度？

● 用"品类多，花钱少"的承诺来劝阻消费者跨境购物，但提供的商品选择却不多，价格也不低？

● 明知会给购物者带来失望的品牌体验，在社交媒体上引起轰动，却还是决定让空空如也的商店开业？

● 以一个宣称"我们爱美国"的网上购物网站重新进入美国市场，但网站上的价格比美国实体店的价格高出 280%？

我认为我们可以放心地假设，因为上述大多数问题（即便不是全部）的答案都会是响亮的"不"。任何一个谨慎的营销人员都不会做出这些事情，尤其是像塔吉特这种经验丰富的企业。同样，我想菲舍尔和斯坦哈费尔在他们的本土市场上也不会犯此类错误。这就给我们留下了一个问题：为什么这两位才华横溢的高管会在加拿大犯下上述所有错误？

我希望这个问题的答案会在你阅读本书的过程中呈现出来。但我们在这里获得的启示是，既然这种事能发生在菲舍尔和塔吉特身上，它就有可能发生在你和你的品牌身上。

为出发做准备

无论你的品牌是即将进入一个新的国外市场，还是目前在国外表现不佳，本书都会对你有所帮助。在第一部分中，我们将探讨在本土市场的经验会如何让你对新市场的威胁和机会视而不见以及如何调整你的视野以获得成功。本书将为你提供深度见解和实用框架，帮助你为进军国外市场做好规划。

第一部分阐述了我看到的企业在海外营销时面临的最持久的挑战。这些挑战之所以长期存在，是因为它们在外表上具有欺骗性。做好充分的准备、研究和计划是商务人士每天都要做的事。然而，在国际营销中，这些术语掩盖了大多数国内营销人员不准备或不愿意接受的复杂程度。但我们必须接受其复杂性，本书在第一部分中将提供一些实用的建议，以助你应对这种复杂性并取得成功。

本书开篇，我们以美国零售业巨头塔吉特在加拿大的不幸遭遇作为案例。这个教科书式的例子说明，即使你的品牌离本土并不那么远，事情也可能会发展到非常糟糕的地步。在本书的第一部分中，我将以塔吉特加拿大公司作为参考案例研究。

第一部分概述

我们如何才能避免塔吉特在加拿大误入歧途？答案很简单，那就是做好充分的准备。在第一章中，我探讨了为什么聪明、熟练的营销人员在离开本国市场时总是犯低级错误。这是一个长期存在的问题。我会费一些口舌来定义它产生的根源，这样你作为一个聪明人，就可以避免之前许多同样聪明的营销人员所犯的灾难性错误。

国际营销与国内营销有何不同？我们很难理解国外市场与国内市场的差异程度。我们对国外市场的看法被国内形成的假设所扭曲，这就可能掩盖我们面前的障碍和机会。在第二章中，我列举了营销人员在国外开拓市场时需要注意的国内营销和国际营销之间最有价值的 7 个差异。

你现在可以做什么来降低风险，避免落入海外营销的陷阱呢？我们已经发现策划不力是一个问题。我不相信任何营销人员会故意在毫无准备的情况下进入一个新市场。更有可能的是，他们对正确的策划认识有误。为了减少模糊性，我在第三章中讨论了进入国外市场所涉及的风险以及如何用制订计划来降低这些风险。

关于让企业如何在国外运营以取得成功的决策很关键。你应该让总部管理企业事务，还是应该让当地的团队来发号施令？对于大多数企业来说，答案是介于两者之间。在第四章中，我们将探讨不同的方法，以便你可以找到最适合你的品牌的管理模式。

国外市场会如何了解你的品牌？同样重要的问题是，你对这个市场的了解程度如何？各个国外市场之间最明显的区别之一是语言。所以，让你的营销沟通适应当地语言是很重要的。这样你的信息才能得到理解。更有挑战性的是适应当地的文化，让你的信息得到信任。在第五章和第六章中，我讨论了在外国语言和文化环境下工作所面临的双重挑战。

你如何知道你是否已经准备好在国外开展工作呢？在第七章，我们会给出一些最终建议，让你为成功做好最后的准备，以此来结束第一部分。这部分包括八大投入模型，它对形成营销组合的各个要素进行了分解。

SALE

第一章
为什么品牌出海难成功

明白未知的重要性

任何一个和 5 岁孩子相处过的人都可以证明,有时候最显而易见的问题却最难回答,比如"时间是什么?""为什么黑夜是黑色的?"。2010 年,有人问过我一个类似的问题,就是这个问题让我开启了探索之旅,我会在本章中分享这个问题。

当时,我受邀为瑞典隆德大学经济管理学院开办的创业与创新硕士课程担任客座教授及导师。这是欧洲一项顶尖的创业项目,吸引了来自世界各地的学生。我觉得这项工作特别有意义,因为它所招收的学生都很优秀,每个人都为项目带来了新颖的想法。在我第一次关于国际品牌管理的讲座中,一位年轻的企业家问我"为什么品牌出海会失败？"，我们对此讨论了几项研究，其中列举了很多原因，诸如缺乏意识、营销乏力、规划糟糕、假设错误、未能理解目标客户、项目管理能力弱、资金不足，等等。

但这位企业家说："这些原因也适用于国内营销失败，有哪些原因是国际营销中特有的吗？"

我反问她："你不认为与来自不同文化、使用不同语言的买方打交道可能是失败的原因吗？"

"我不认为，"她回答，"我知道这样的市场需要额外的能力来管理，但营销人员本就经常需要面对未知的新人群，而且他们具备这样的技能。语言和文化差异是众所周知的。我看不出它们怎么会构成重大障碍。"

她说得对。我以为我可以直接回答她的问题，但是我做不到。我准备的所有研究或引用文献都无法给出令人满意的解释。我已经尽可能以教授的身份做了解答，那么就只能再以从业者的身份来回答这个问题了。

"我在这里只能提供一个思考，虽然这个想法确实是基于数十年的直接观察而得出的。是的，品牌出海失败的原因与国内营销失败的原因完全相同，但有一个明显的区别。那就是犯错的人。"我解释道，"新手或不熟练的营销人员可能会犯更多的错误，无论是在国内还是在国外营销，不管市场情况如何，即使是最熟练的营销人员也会时不时地犯错。"但不太容易解释的是，我看到熟练的营销人员会在国外市场犯的错误，是他们在国内市场绝对不会犯的，塔吉特加拿大公司就是一个很好的例子。这是一个谜。所以，没错，语言和文化因素是进入外国市场时要面临的新障碍，但它们是可知的，而且一个熟练的营销人员肯定有足够的技巧和方法来成功克服这些障碍。这就引出了一个显而易见的问题——那么，为什么他们不这样做呢？

我在课堂上没能回答这个问题，但我想在这里试试。本章将探讨为什么国际营销如此容易失败以及我们要如何避免失败。

国外市场的本质

在任何市场发行品牌都是一项复杂的工作，有各种活动相互交织。失败并不奇怪。令人惊讶的是失败率。在美国，大约一半的新品发布都以失败告终。显然在国内市场发行品牌是一件冒险的事情。

现在再考虑一下在国外市场发行产品。即使你的产品和品牌已经在国内销售多年，但对于你要进入的国外市场而言，它仍是一个新产品、新品牌。所以，你可能会面临很多和国内发行产品一样的挑战以及语言、文化、物流、法规等方面的问题。每一个新的变量都会带来更多的风险。但是，正如我的学生所指出的那样，这些额外的变量并没有超出我们的认知范畴。它们是可预测、可研究以及可管理的。

像塔吉特这样的案例很容易被视为是营销人员无能的极端例子。事实上，有能力的营销人员读了这些文章后，会觉得自己对这种灾难有免疫能力，这也情有可原。但企业进入新市场失败的概率却如此惊人，这就表明情况并非如此。我们之所以感觉有免疫力，是因为我们事后能清楚地看到所有的障碍。这就引出了一个问题：为什么像塔吉特公司前首席执行官斯坦哈费尔这样能力很强的商业人士，却看不到这些巨大的障碍，也没能绕过它们？

要回答这个问题，我们有必要花点时间来了解一下失败的根源以及我们可以做些什么来避免自己努力的结果成为国际营销冷冰冰的相关统计数据中又一个数字。

失败的本质

要了解失败的本质和原因，请花 20 分钟阅读《走近医疗意外理论》（*Toward a Theory of Medical Fallibility*）。在这篇发表于 1975 年的文章中，哲学家塞缪尔·戈罗维茨（Samuel Gorovitz）和阿拉斯代尔·麦金泰尔（Alasdair MacIntyre）探讨了失败的本质，即人类的易错性。他们指出，我们对某个特定主题的了解是有限的。我们不可能了解所有的事情。不过我们已知的内容让我们可以努力做一些尝试，比如预测天气、修复心脏瓣膜，或者在国外市场建立品牌资产。这篇文章提出了一个前提，即，我们在做这些尝试时，所有的失败都可以归结为两个因素：无知和无能。

无知是指我们根本还不具备取得成功所需的知识，这是超出了我们认知的能力。无能是我们确实拥有这一知识，但我们没有能力使用它。这篇文章的要点在下面这段话中有所体现。如果你把"科学"这个词换成"国际营销"，你就会明白这个道理。

科学中的预测失败只能有两种原因：对相关定律或在某种情况下存在哪些属性的事实无知；推理错误，比如从定律和性质描述中草率地得出结论。因此，在我们并非无知的情况下，我们预测能力的任何不足都必须归咎于预测者，归咎于他的任性或疏忽。

戈罗维茨和麦金泰尔的观点出现在阿图尔·加万德（Atul Gawande）的著作《清单革命》（*The Checklist Manifesto*）中。这是一本关于失败的书，作者是一名外科医生，他的简历印证了他就是地球上最成功的人士之一。加万德借鉴了戈罗维茨和麦金泰尔的见解，并将其应用于医学和商业。他坚持认为，我们今天所知信息的数量和复杂性已经超过了我们利用现有信息的能力。换句话说，无能已经超过无知，成为失败的动因。加万德在研究中得出的结论是，在复杂的工作中，我们可以通过清单极大地降低失败率。在国外市场发行品牌肯定是一项复杂的工作，使用清单对开展工作有益。但是，清单只有在以下情况下才能发挥作用：愿意使用清单；对结果的质量要求以及对实现目标的最佳方式所设定的标准操作程序达成了一致。

营销的本质

如此看来，为实现目标制定标准和操作程序似乎是这个难题的重要部分。如果我们有了标准，那么我们就可以创建清单，以确保我们的工作符合标准。戈罗维茨和麦金泰尔的文章及加万德的书都从一些学科中借鉴了案例，这些学科都有系统的知识体系、既定的标准和专业从业人员。这些为创建并实践清单内容奠定了基础。

不幸的是，市场营销行业正缺乏这一基础，因为市场营销不是一门专业。"专业"的真正含义超越了任何一群拥有类似职业头衔的人。如果我们看一下一门专业的特征，就会清楚地看到，市场营销并不能达到这个标准。一门专业所具有的特征包括：

- 严格的学术培训。
- 排他性的筛选过程。
- 执业人员。
- 统一的知识体系。

- 统一的词汇。

- 统一的最优方法。

- 共同的道德准则。

- 合理统一的工作内容。

- 专业的管理。

我们认为这些特征是医学、法律、会计和土木工程等领域的标志，但总体而言，市场营销从业人员几乎不具备这些特征。基于此，我认为市场营销肯定是一门商业学科，但不是一门专业。

以土木工程师为例，我们会希望他们能按照共同的工程知识体系工作，能熟练地应用其中的知识，并遵守物理和材料科学定律以及公认的最优方法。我们希望他们有共同的基本准则、公认的研究体系和统一的专业词汇。我们还希望，如果一座立交桥发生故障，他们能进行客观的调查，并分享调查结果，从而使整个行业得到改善，那样故障率也会随着时间的推移而下降。我们也希望律师、飞行员、外科医生和会计师能达到这些要求。但市场营销人员做不到这样。

这并不是说没有高技能的营销人员。这样的营销人员有很多，你自己可能就是其中之一。但如果没有真正的专业基础做支撑，你就很难取得卓越成就。市场营销有自己的专家、研究和惯例，但它缺乏统一的标准和最优方法，这就给市场营销从业人员带来了困难。因此，许多营销人员被迫一边工作一边补充知识。尽管他们使用了许多相同的术语（品牌、使命、价值、定位等），但这些术语的定义和应用于运营的方式却千差万别。甚至作为一门学科，市场营销本身的定义也因企业不同而不尽相同。这一切都帮助我们解释了，为什么几十年来，80% 至 90% 的失败率一直是常态，而且没有太多改善的迹象。这也给我们预测国际营销成败的能力带来了巨大的变数。

戈罗维茨和麦金泰尔的论文表明，各从业者有义务了解与他们所从事的主要工作相关的所有已知信息，或者至少了解已知的最新信息，否则就将被视为不称职。对于营销人员来说，这并非不可能，但可以肯定的是，要在一个专业所教授的基础知识之外，认识并获取更广泛的知识要困难得多。

要克服这一困难，你可以在你的企业内部创建一个微型专业。先定义你的营销生态系统（比如你的工作小组、部门，或者如果你真的雄心勃勃的话，还可以包括你的整个企业），然后创建一套共同的标准、知识体系、术语、道德规范等。这个想法并不算新颖。宝洁、家乐氏（Kellogg's）、联合利华等有远见的企业几十年来一直都是这样做的。在帮助几个客户创建这些微型专业之后，我看到了它所带来的积极影响。一旦创建成功，我们就可以采取一些预防措施，如清单、事后分析和知识共享等，来降低无能带来的风险。这种传统的营销专业主义方法当然不算理想，因为它在不同的微型专业之间留下了差距，但这是一个务实的起点。

能力的本质

我们已经把关注点放在了加万德关于无能是失败的主要原因这一定义上，值得注意的是，"无能"的对立面——有能力，并不是一个二元概念，而是一个层级的概念。这一概念是管理培训师马丁·布罗德韦尔（Martin Broadwell）于 1969 年定义的。他将他的模型称为"教学的 4 个层次"。其后的 10 年里，戈登国际培训公司（GTI）的诺埃尔·伯奇（Noel Burch）将他的思想提炼为"能力的 4 个阶段"。我觉得这些阶段很有意义，因为在与许多不同的人共同开展国际营销活动时，我经常能看到它们发挥作用。这 4 个阶段分别如下：

（1）无意识的无能

我们不知道自己不知道什么。正如戈罗维茨和麦金泰尔所定义的那样，在这个阶段的我们是无能的，但我们并没有意识到自己的无能。因此，我们没有意识到我们缺乏知识或技能是一种缺陷。如果我们意识到这一点，我们可能会否认那项技能或知识的用处。为了继续前进，我们必须认识到自己的局限性以及新技能或新知识的价值。

（2）有意识的无能

这个阶段的我们仍然不具备技能或知识，但至少我们意识到这是一个问题。在这个阶段，认识到我们自身的局限性及新技能或新知识的价值，会让我们乐于学习。

（3）有意识的能力

这个阶段的我们已经获得了新的技能或知识，并明白其价值，但尚未熟练使用。此时使用清单特别有效。

（4）无意识的能力

经过足够的练习，我们就会达到这样一种状态：某种知识或技能已成为我们的第二天性，我们想都不用想就能运用它。这个状态也可称为娴熟，到了这个阶段，我们就可以开始教别人了。

根据我的经验，我发现无意识的无能是导致国际营销失败的最大原因之一。好在如果认识到这一点，这也是最容易解决的一个问题。但问题是，大多数领导团队并没有意识到他们有盲区。而在这方面表现最糟糕的，可能是那些在国内成就最大的营销人员。他们拥有在国内市场锻炼出的强大营销技巧，却没有意识到国外市场与国内市场的差异。当这些在国内行之有效的战略和战术在国外无法产生同样的效果时，这些营销人员就会陷入困境。通过我们在本书中探讨的几个案例，我想你应该能辨认出这种类型的营销人员，他们会出现在各种不同类型的品牌和不同规模的企业中。对于任何企业来说，最困难的部分是从无意识的无能转变为有意识的无能，在这个过程中，他们要接受自己有营销盲点，并乐于接受解决方案。对于领导国际营销活动的人来说，他们一旦进入了有意识的无能这个阶段，就不一定需要努力去达到无意识的能力阶段，而是可以通过聘用已经达到这一水平的人来节省时间和精力。对于国际营销人员来说，要想达到有意识的无能，首先要接受两个基本假设：

● 国际营销是一门学科，它与国内营销相关，但又十分不同，因此需要具备国际营销的专业知识。我在第二章中阐述了这两者的不同之处。

● 无论国外买方与国内买方表面上看起来多么相似，他们总是有所不同的。因此，你需要掌握必要的技能和资源，才能深入了解这些买方，或者找到可以帮助你的人。

将这 2 句话作为准则，或至少作为工作中的假设，并不能解决你在国际营销中面临的所有挑战，但如果抛弃这两点，你也很难成功。

知识不对称的本质

上述内容都与知识不对称这个概念相关。牛津大学赛德商学院的理查德·巴克（Richard Barker）从一般管理的角度解决了这一问题。他说，有被普遍接受的、相对持久的知识不对称是真正的专业的标志。也就是说，人们会接受你在某个话题比他们知道得多，因此相信你的建议是有价值的。他还强调了共同的知识体系的重要性，认为它是专业主义的核心：

如果医生不能就人体的功能达成一致，或者律师不能就合同的性质达成一致，那么就不能说存在一个独立的知识体系。任何专业的界限和共识都会随着时间的推移而演变，但在任何特定的时刻，它们都是可以被定义的。这就是能够进行正式培训并获得专业认证的原因。专业认证向客户发出了能力的信号，告诉客户，他们将从中受益。

你只有认识到知识不对称后，才能欣赏拥有其他技能的人所能提供的价值，从而将他们纳入你的团队。一个简单的例子就是翻译。大多数营销人员都能轻易意识到外语技能方面的知识不对称。因此，他们会努力寻找有专业资格的人将他们的信息翻译成目标语言，来填补这个盲区。事实上，国际营销新手常常认为翻译是他们在国际市场上取得成功所需的唯一外在技能。如果你现在也有这种想法，那么我希望我能够在本书中把你的能力提升到一个更高的水平。

假设的本质

在进入一个新市场时，你本质上是一个开展新业务的创业者。即便你的企业已经在你的本土市场经营了几十年，你此时也只是一个创业者。因此，保持创业者的心态是有帮助的。这种心态的基本特征是能够发现商业战略中的假设并对其质疑。这是一项很有价值的技能，因为在大多数情况下，我们往往对自己每天做出的无数假设视而不见。

假设是在没有证据的情况下被人们接受并作为真理来执行的想法。事实上，它们往往是不证自明的，我们甚至不会想到去寻找证据来支撑它们。例如，我开车经过高速公路立交桥，是假设立交桥能承受车的重量的。我经常这样开车经过，我也没有关于立交桥结构完整性的客观数据。我只是假设它不会在我脚下崩塌，因为它看起来和我走过的成千上万座立交桥一样。如果我的假设是错误的，后果会相当可怕，但我还是做了这样的假设。事实上，我们每天要做出数百个决定，有些值得注意，有些微不足道，而且这些决定几乎都是基于假设而无意识地做出的。做假设就是一种简要的心理活动，能够帮助我们处理事情。如果我们做每个决定都要求证据，那我们就会被束缚住。

无论好坏，假设是人类生存条件的一个重要部分。如果我们说一个商人有"良好的直觉"，指的是他们善于做假设。但另一方面，假设可能会对社会产生难以置信的腐蚀作用，比如对那些出于任何原因看起来与我们不同的人，我们可能会产生毫无根据的偏见或歧视。

　　市场营销中假设的问题在于，我们根据之前的经验不假思索地做出假设，且这些假设是由我们无意识的无能所激发的。在大多数情况下，在一个市场获得的经验永远不可能完全转移到另一个市场。也就是说，在市场 A 的成功并不保证在市场 B 的成功，这就是为什么作为一个国际市场营销人员，要养成的一个习惯就是谦逊。明白每一个新的市场都会带来新的挑战，并接受这一点，就能帮助你在制订策略时敢于质疑你的假设，并且不将任何事视作理所当然。但尽管你在这方面尽了最大的努力，成功的策略也可能有一些错误的假设。我们的想法是尽量减少错误的假设，这样它们就不至于累积到一个临界点，从而导致整个项目失败。

　　高管在制定营销策略时，倾向于根据自己的经验收集他们认为最相关的事实，然后找出缺漏。这些缺漏则由市场上的事实来填补。然后，领导者将他们认为相关的事实（他们有证据的事实）与假设（他们认为没有证据的事实）结合起来，形成一种连贯、可执行、可分享的事实叙述。

　　在这种情况下，任何没有被认定为事实的东西都是假设。策略基本上就是由数千个假设结合在一起的数十个证据点。正是这些假设将事实联系起来，形成了整个情况的"全貌"。由此产生的图像看起来是完整的，但这幅图景的准确性取决于编织其中的未经检验的假设的有效性。如果对国外市场做出决策的人在该市场没有经验（或没有一般的国际营销经验），那么他们的假设基本上是基于错误的经验得出的。由此形成的战略必然充满了错误的假设，会对市场产生非常扭曲的看法。在塔吉特加拿大公司的案例中，他们所形成的"全貌"就包括：假设加拿大的客户和供应链都和美国的一样。

正如我所提到的，战略中的所有假设都不可能完全正确，但我们应该努力控制这些假设。此外，有些假设要比其他假设更重要。如果一个或两个关键性假设不正确，或者支撑性假设的错误量达到一定程度，那么就很可能失败。由于这个原因，成功的国际营销人员倾向于做更少的假设，从而看到他们对市场理解的不足。他们已经通过了国际营销能力的第一阶段，至少知道他们现在不知道什么。这些营销人员会用一个过程来识别、排列并衡量他们计划中各项假设的重要性。然后，他们会评估自己对每个关键性假设的信心，以确定哪些需要验证。这些营销人员往往能在项目一开始就看到更有价值的研究和发现。这将直接影响项目的时间和成本，所以他们会相应地设定计划和预算。

如果项目赞助商的能力水平与营销人员相当，那么营销人员可以降低进入国外市场的风险。项目赞助商若处于无意识的无能阶段，则表现为不愿意提供时间、预算或资源来进行所需的研究。他们根本看不到其中的价值，所以他们不会将其纳入项目时间线或项目预算中。等到有国际营销能力的人被叫来帮忙的时候，项目本身的参数已经根深蒂固，与目标南辕北辙了。他们将缺乏足够的权限、时间和预算来充分验证假设，也无法获得成功所需的对当地市场的洞察力。换句话说，失败早已注定了。

总结

品牌在国外失败的原因和在国内失败的原因是一样的。缺乏对目标的洞察力、计划不周、假设错误以及所有其他令营销能力薄弱的弊病都可能使国内和国际营销失败。真正的问题是，为什么那些在国内市场掌握了这些技能的企业，到了海外市场却会像塔吉特那样失败？从从业者的角度来看，我看到，即使是在国内非常熟练的营销人员，在开拓海外市场时也会犯低级错误。最常见的情况是，他们没有认识到国际营销是一种特殊情况，需要额外的技能和专业知识，也没有尊重他们进入的每个新市场所固有的差异，即便这些差异并不明显。

如果布罗德韦尔和伯奇的定义是正确的，那么对于任何营销人员来说，在国际营销方面的无能似乎是一个正常的起点。我们都是从一个不知道自己知道什么的阶段开始的，但我们可以学习。在国外市场取得成功的决定性因素完全在我们的掌控之中。然而，学习要求我们从一种无意识的无能中走出来。一旦我们走出来了，我们还需要让我们的项目赞助商也能走出来，或者寻找新的赞助商。

SALE

第二章
国内营销与国际营销

国内营销与国外营销的区别

在昆汀·塔伦蒂诺（Quentin Tarantino）导演的电影《无耻混蛋》（*Inglourious Basterds*）中，一名伪装成德国军官的英国间谍发现自己身处德军后方的一家酒馆。一个真正的德国少校注意到了这个间谍，并坐在了他的桌子旁。少校用一连串问题盘问他，以确认他的身份。这位英国间谍深谙德国文化，正确回答出了所有问题。德国少校似乎很满意，间谍也松了一口气。但下一秒钟，间谍暴露了。他在桌上点酒时对酒保说"Drei Gläser（3杯）"。他的德语毫无瑕疵。让他露出马脚的是，他伸出食指、中指和无名指来表示"3"。但德国人用的却是大拇指、食指和中指。少校立即反应过来，断定他是个冒牌货，拔出了手枪。在你试图融入一个新市场时，一件小事也会有很多含义。

如果这是你第一次将一个品牌推到国外，你可能会觉得最大的挑战是翻译。这是可以理解的。语言是国与国之间最明显的差异之一，掌握好语言是绝对必要的。虽然可能有点棘手，但只要有正确的流程，有团队的支持，翻译问题是可以解决的。一旦解决了这个问题，你作为国际营销人员，就会希望你面临的所有挑战都能被轻松解决。

但除了语言之外，还有许多更微妙的差异可能会阻碍你的品牌顺利融入新市场，尽管有些人坚持认为，这些文化之间的差异正在消失。虽然确实有这种可能，但对于你有生之年是否能看到这些差异消失，我表示怀疑。我确信，当石器时代的第一位水手乘着独木舟出海时，那时一位在海滩上观察的博学者就宣告了地球村即将到来。在近代历史上，这个词由马歇尔·麦克卢汉（Marshall McLuhan）在他1962年出版的著作《谷登堡星汉璀璨：印刷文明的诞生》（*The Gutenberg Galaxy: The Making of Typographic Man*）普及开来。他认为全球媒体的传播是统一世界的力量。1983年，西奥多·莱维特发表了《市场全球化》（*The Globalization of Markets*）一文，他断言，在技术、规模经济和人们普遍渴望廉价优质商品的推动下，世界正朝着完全同质化的状态快速前进。"地球是圆的，"莱维特说，"但在大多数情况下，把它看成是平的才是明智的。"2005 年，政治评论家、三次普利策奖得主托马斯·弗里德曼（Thomas Friedman）出版了《世界是平的：21 世纪简史》（*The World is Flat：A Brief History of the Twenty-First Century*）。他的推理与莱维特的相差无几。当然，到 2005 年，他还可以加入像互联网、协同软件和离岸外包等论据来支持他的论点。这本书受到了公众的欢迎，但就像莱维特的文章一样，它也受到了相当多强有力的批评。

经济学家潘卡杰·格玛沃特（Pankaj Ghemawat）一直是莱维特和弗里德曼的强烈批评者。在格玛沃特的《距离依然重要：全球扩张的残酷现实》（*Distance Still Matters：The Hard Reality of Global Expansion*）和《为什么世界不是平的》（*Why the World isn't Flat*）等文章中，他认为，全球交流和同质化的情况被严重夸大了。他坚持认为，虽然交通和技术已经使地理距离变得更加可控，但仍有大量的文化、管理、政治和经济方面的分歧尚未消除。

我本人对全球化的看法与格玛沃特更为一致。我同意，各国经济之间日益紧密的联系、通信的创新、技术的进步和交通的便利正在消除传统的经济壁垒。我也同意，这些发展对社会层面产生了一些影响。若你从广义的视角来看，似乎消除文化差异所需的许多工具都已经到位。然而，在市场营销中，就像在物理学中一样，当你到达一种文化的量子层面，即个体层面时，标准模型并不总是适用。当你触及信仰、认知、身份、影响、态度、传统、需求和动机等这些难以预料的精神层面的思考，且要利用它们来定义细分市场时，文化之间的差异就会变得明显起来。这些差异是真实存在的，会影响营销的结果，并且应该由你的国外营销计划来解决。

你只要稍作准备，就可以减轻这些差异带来的风险。在本章中，我将讨论文化差异如何影响营销策略，并建议你如何管理这些差异，使你的品牌获得优势。

市场营销的作用

我首先从一件不变的事情说起。无论你在国内市场还是在国际市场，营销的功能都应该是一样的。然而，营销部门的作用和职责可能在不同的企业之间有很大的不同。甚至同一企业的不同个体之间也会对它们有不同的定义。为了避免扩张国际市场之初的混乱，对营销及其目的达成一个共同的定义会有所帮助。为了避免模糊性，我在本书中提供了对市场营销作用的定义。

如图 2-1 所示，市场营销部门对企业有 3 个基本贡献。他们有时会朝着相反的方向发展，所以在这 3 个目标之间找到正确的平衡是很重要的。

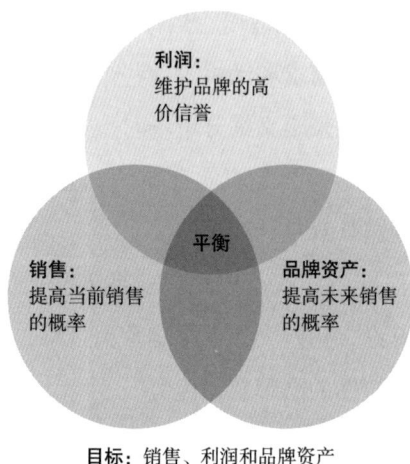

目标：销售、利润和品牌资产

图 2-1　营销贡献模型

销售：提高当前销售的概率

这个目标很明确，以至于它会培养一种观点，认为市场以及市场上的机会是非常有限且短期的。当然，短期销售收入至关重要，因为对许多企业来说，它决定了现金流，并使业务保持运转。但如果企业想要持续的长期利润和业务价值，那么仅有销售是不够的。

利润：维护品牌的高价信誉

维护品牌高价信誉的能力也被称为定价权。沃伦·巴菲特认为定价权是评估一家企业健康状况最重要的因素之一。因为如果能够保持价格小幅上涨，其利润将远高于适度增加产量或降低成本。

品牌资产：提高未来销售的概率

与销售和利润相比，品牌资产似乎不那么具体。它是一个品牌在特定市场的某个特定细分市场中所获得的认知、理解、兴趣、信任、尝试、信心、亲和力、忠诚度和拥护力的总和。其功能是确保长期发展和赢利能力。

实现这三者的平衡需要企业各方面的协调，因此与首席执行官和领导团队其他成员密切合作是成功的必要条件。许多企业将营销部门的作用仅局限于促销，而将营销组合的其余部分（产品、价格和渠道）留给其他部门。要想从营销中获得最大的回报，营销组合的所有 4 个方面都应该协调一致。因此，营销部门要积极参与塑造所有这些方面，这才是重点。

如果你所在的企业的市场营销部门与上述不一样，那也并非个例。以这种模式来定义营销部门的职责范围和权力在我所在的这个领域并不常见。但我相信这是每个企业都应该追求的目标。

语言

现实情况是，在国内，你通常会使用一到两种语言，且你和你的团队对这些语言都很熟悉。

但在国外，你经常需要使用你和你的团队不熟悉的语言与市场沟通。

语言是一个巨大障碍，仅靠翻译服务是无法解决的。信息很容易被翻译，但好的营销沟通不仅是传递信息，它还要能吸引人、激励人、鼓舞人。在很大程度上，好的营销沟通可以通过巧妙地使用图像来实现。但你要确保图片可以让人理解，且不会冒犯他人，也不太可能被误解。这是那些将国内材料翻译之后拿到国外使用的人最想达到的结果。但想想看，这种方法也许确实可以避免拼写错误、语法错误和文化冒犯，但它几乎无法确保营销沟通能对国外目标受众产生预期效果，比如，让他们喜欢你的品牌并购买你的产品。这种最低限度的方法可以帮你在国外市场保住面子，但它本身并不能使你的营销传播达到有竞争力的水平。你和你的团队如何在陌生的文化和语言环境中进行沟通？这个问题需要你根据具体情况来为你的营销材料作答。例如，对于广告和包装等生产周期相对较长的材料，你会有足够的时间来处理语言并确保其获得适当的认可；对于交付时间短的情况，比如在社交媒体上的互动或客户服务，你就需要考虑其他解决方案。

目前值得注意的是，在使营销材料适应新的语言和文化的过程中，有一个明确的方法来处理后勤、管理和质量控制问题会很有帮助。聘用一位专门从事这类工作的项目适应经理可以节省时间，避免出现代价高昂的错误和挫折。而这样的职位应该得到本企业的文案编辑、改编人员和翻译组成的全球网络的支持。

文化

在国内，你所处的文化环境是你和你的团队凭直觉就能理解的；在国外，你是作为旁观者观察一种文化，即使你了解了其中的重点，但仍然无法感受到它的细微差别和质感。无论你做得是好是坏，都会被当地市场默认为是一个外国人。

正如《无耻混蛋》中所描述的那样，有时仅有事实和语言的流畅性是不够的。文化上的流畅性才能体现品牌通过言语和行动所传达的实质性内容。

每一种文化都是一种独特而微妙的融合，融合了人们共同的口头和非口头语言、信仰、价值观、历史、规范、行为、意识形态等影响，这些都被当地人主动或被动地学习并代代相传。这些东西对你来说会很难理解，尤其是在你处理多个国外市场的业务时，会更加困难。而且这些问题中的大多数还有更精细的复杂层次。比如，规范为文化中可接受的行为设立了界限。这些规范可以是正式的，也可以是非正式的、不成文的。但并非所有的规范都是平等的。社会学家威廉·格雷厄姆·萨姆纳（William Graham Sumner）将规范分解为道德和习俗。习俗是社会所接受的惯例或风俗，虽然打破这些惯例或风俗并不会违背道德，但社会仍希望人们能遵守这些习俗。比如在德国点饮料时应该用什么手势来表示"3"。如果你打破了这些规范，人们可能会认为你是个奇怪的外来人或认为你举止粗鲁。而道德，同样是不成文的规范。那些违反道德规范的人，即使没有遭到报复，也会受到社会的排斥。

欧美的营销人员在国外市场制定的战略深受文化陈词滥调的影响，并被种族中心主义和文化相对主义扭曲。也就是说，他们通过本国文化的镜头来解释外国文化，而不是根据其自身的条件来理解它。关键是，对于大多数营销人员来说，要真正掌握一种不同的文化，是一项艰巨的任务，甚至是不可能的。然而，文化上不合拍的后果可能相当严重。即使有些品牌对自身的定位就是外国品牌，情况也是如此。不管你的品牌是不是外国品牌，你都要对文化规范负责，也会因为具备成功解读并驾驭文化规范的能力而获益。你需要当地人的指导，他们一直浸泡在当地文化中，熟悉当地方方面面的不成文的规则。

价值主张

在国内，你的价值主张是围绕你在国内的目标客户的习惯、需求和看法而形成的。

在国外，如果你的目标客户的习惯、需求和认知与你的国内客户不一样（一般都会不一样），那么你的价值主张可能在你要进入的市场中行不通。

你的品牌价值主张是引发市场兴趣的核心。它标志着你的品牌所拥有的独特能力，能填补买家未得到满足的需求。最受欢迎的产品是那些价值主张或多或少具有普遍性的产品。像葡萄适（Lucozade）这样的运动饮料就可以做到这一点，因为它满足了人们对补充水分的普遍需求，而且由于人类都有相同的生物学特性，它对全球的消费者都会有相似的影响。像工业换热器这样的工程产品也能满足相当普遍的需求，这就要得益于热力学定律不会因国而异的事实。

一个产品有多种属性，但你应该选择其中一个来突出它。例如，沃尔沃（Volvo）多年来一直以安全的价值主张为主导。购车者买车时只考虑安全性吗？不是，但这不是重点。一个正确的价值主张会赋予你的品牌一个与众不同的特征，将你的品牌与其他品牌区分开来，从而得到认可、被记住。它为你的品牌提供了一个中心主题和叙事技巧，你可以围绕它展开营销沟通，可以把它看作是沟通的开始。

你在进军国外市场之前，一定要重新审视你的价值主张。它很有可能更偏向于本国市场。你要努力找到你在不同市场的目标受众所共有的需求，并形成一个能满足此需求的价值主张。你可以花点时间来评估一下你的品牌价值主张。它是否具备以下条件。

- 焦点独特？

- 与你的目标高度相关？

- 值得信赖（最好是有根据可证明）？

- 没有被你所在领域的其他品牌用作价值主张？

- 是你可以拥有（即使你现在还没有）并捍卫的东西？

- 能否让你安心地专注于产品开发？

- 是你认为最好的吗？

- 能够在全球所有市场发挥作用吗？

如果你对上述任何一个问题的回答是"不"，那么你可能要努力改进你的价值主张。如果可能的话，你要争取在所有市场上都有相同的价值主张。虽然这并不一定能实现，但如果你做到了，会更容易建立起全球品牌资产并管理你的全球业务。另外，有些买方可能会在不同的国家接触到你的品牌。面对同一个品牌的不同价值主张，买方会产生混淆并淡化品牌识别。

定位

在国内，品牌定位是为了与国内同类竞争品牌区分开来。

在国外，多数情况下，你将面临一系列不同的竞争对手，因此可能需要重新考虑你在那里的定位。

一个品牌的定位是其客户和潜在客户对比同一类别的

其他品牌，感知其预期目的的方式。广告先驱大卫·奥格威
（David Ogilvy）曾说过：

> 这个奇怪的动词（指定位）很受营销专家的青睐，但没
> 能对它的含义达成一致。我自己对它的定义是"产品是做什么
> 的，是为谁服务的"。例如，多芬（Dove）将自己成功定位
> 成为双手干燥的女性设计的香皂，而不是为双手脏的男性设
> 计的。

价值主张和定位之间的区别可能很难把握。要像多芬这
样管理良好的品牌才能给出清晰的定位。在奥格威说这句话
的时候，多芬的价值主张是让皮肤更美丽。你可以通过他给
的这个例子，看到价值主张和定位之间的相互作用。《战略》
（Strategy）杂志发表了一篇关于多芬品牌的 50 年回顾，记录
了它几十年来如何用同一个价值主张与不同的诉求和信息相匹
配，以适应市场的变化。我们看到多芬的定位发生了转变，从
为双手干燥的女性设计的香皂，到为寻求自我实现的女性设计
的香皂，再到为拒绝传统美的刻板印象的女性而设计的香皂。
与其类似的是，你可能也需要调整自己的定位和传递的信息，
以吸引你所服务的不同的国外市场。

就连"定位"这个词也会引出这样一个问题：与什么有
关的定位？这是因为定位是一个相对的东西，会影响国际营销

人员。定位定义了你在当地消费者心目中相对于所有其他品牌的位置。定位的力量在于，它迫使你从买方的视角来确定品牌定位，因为评估各个品牌的是买方。优秀的营销会始终秉承这样的想法，杰克·特劳特（Jack Trout）和艾尔·里斯（Al Ries）定义并推广了这一理念，他们表示："定位的基本目标不是为了创造新而不同的东西，而是将你的产品或服务与潜在客户心目中已经存在的心理感知有意义地联系起来。"

公司用定位策略来定义他们想要的产品定位，然后再利用营销组合在市场上培养他们所需的认知，使他们的品牌处于有利地位。然而，最终不是卖方，而是买方，才是你品牌定位的最终仲裁者。一个企业在描述自己的品牌定位时，一定要澄清这是由他们的营销部门决定的理想定位，还是由买方决定的实际定位。

如果你在国内经历了强劲的发展势头，可能会想在其他市场简单地复制你的定位策略，并希望得到同样的结果。毕竟，为什么要造新的车轮呢？简要回答就是，你现在的车轮之所以运转得这么好，是因为它根据你原有市场的细微差别进行了微调。因此，可以确信的是，它将无法很好地适应你即将进入的新市场的需求。这对营销人员有两个主要影响。

首先，虽然在不同的市场中使用相同的定位比较容易，也更可取，但并不是必须如此，也并不是一定可行。问问自己，在你进入的市场中，什么定位最适合你的品牌（不管它在其他市场的定位如何）。如果这个问题的客观答案与该品牌在本土市场的定位相同，那就去争取一致吧。如果不是，那就要以开放的心态，根据新市场的情况调整定位。有时你在国内市场使用的定位已经被国外市场上有强大根基的竞争对手占据了，有时你国内的定位与新市场根本不相关。

其次，即使你决定在新市场树立与你在国内市场相同的定位，你也很可能需要一个针对特定市场的战略来实现这个目标。为了说明这一点，让我来描述一下我7岁时的一个恶作剧。那天是圣帕特里克节，在波士顿，人们多用绿色来庆祝这一天。那天早上，我比其他人早起，在碗柜里找到一些绿色的食用色素，把它放进了牛奶和橙汁里。全家人聚在一起吃早餐时，大家都被绿色的牛奶逗乐了，却没怎么注意棕色的橙汁。因为我忘了，牛奶和橙汁一开始的颜色是不一样的。要让橙汁变成绿色，我应该加蓝色食用色素，而不是绿色食用色素，才能达到和牛奶一样的效果。由于你的营销目标受众与你在国内的买方并不相同，所以你很有可能需要调整你的策略，以让你的定位在他们身上产生相同的预期效果。这就解释了为什么有效的定位策略在全球化过程中并不容易发挥作用。如果你管理的是一个全球品牌，那么在你所服务的所有市场中，影响你定位的因素就不太可能一样。因此，你需要将你的战略本地化。

定位如果不是用于直接支持你的价值主张，那就通常是用作补充。定位取材于价值主张，并以买方和目标市场为背景构建成型。你可以把它看作是传递价值主张的包装。比如，前面提到的沃尔沃的例子，它的价值主张是安全。沃尔沃当时在美国的定位是高端进口品牌，面向那些最可能重视安全的买方：父母。它的价位和原产国证明了它优质进口的特点。他们的广告和赞助活动的内容、位置、语气和方式都表明，这款车面向的是有责任心、居住在郊区的父母。其理念是，以一种与当地买方建立高度相关性的方式，确定其品牌的独特价值，并将自己的品牌与竞争对手的区分开来。这不仅是为了装点门面。一旦确定了品牌的价值主张和定位，你就应该把整个营销组合的重点放在支持这两者上。

由于环境比需求更容易变化，所以品牌定位往往比价值主张更具可塑性。例如，运动饮料葡萄适诞生于 1927 年，是一种由葡萄糖糖浆和水制成的医用补水药物，由英国药剂师出售。其价值主张是补充水分和能量。在英国，它的定位是治疗疾病的药物，并成为治疗儿童痢疾的标准药物。到 20 世纪 80 年代初，随着成年人加入了新兴的健身热潮，也有了补充水分和能量的需求。1983 年，拥有该品牌的英国制药公司比查姆（Beecham）将葡萄适从一种治疗疾病的药物重新定位为一种面向健康人群的运动饮料。他们将宣传标语从"葡萄适助你康复"改为"葡萄适补充你失去的能量"，并以健身人群为宣传目标。在重新定位后的 5 年内，该品牌销售额增长了两倍。讽刺的是，目前的葡萄适标签上还包含了一条警告：葡萄适不适用于补充因痢疾造成的水分流失。

在葡萄适的例子中，我们看到，自1927年以来它的潜在价值主张一直都是一样的，但为了适应新的目标和新的竞争环境，它的定位发生了重大转变。这与你将品牌引入一个新市场时所面临的情况并无二致。定位在很大程度上取决于市场环境。这就是为什么你很可能需要重新考虑你在每个市场上的定位。根据经验，你要尽最大努力创造一个对你预期进军的所有市场都适用的价值主张，然后根据需要调整品牌定位，以适应当地环境。以运动饮料为例，你可以在全球范围内使用"增加耐力"的价值主张，但在分兰市场定位为冰球运动员的首选饮料，在美国定位为篮球运动员饮料，在巴西定位为足球运动员的首选。

媒体环境

在国内，你在一个你熟悉的、运用你的母语且你已经建立了影响力的媒体环境中竞争话语权。

在国外，通常，你是用另一种语言在其媒体环境中竞争话语权，且你在那个环境中没有影响力。

1990年，约翰·菲利普·琼斯（John Philip Jones）发表了一项全球研究结果，是关于媒体支出和销售额之间的关系。他发现，一个品牌在任何特定市场上的话语权份额可能是与其市场份额最准确的相关因素。话语权份额高于市场份额的品牌，其市场份额往往会增加，两者间的差距会缩小。如果你进入了一个竞争激烈的品类市场，但产品之间没有明显的差异，那么话语权份额和市场份额之间的关系对已经在市场内的品牌有利，对新进入的品牌却会形成阻碍其进入的有效壁垒。

同一年，在琼斯研究结果的基础上，詹姆斯·施罗德（James Schroer）提出了一个令人信服的理由，说明了为什么进入一个新市场，想试图超越那些了解当地媒体市场、根基深厚的领先品牌，从经济上来说是一种愚蠢行为。这两位研究人员都专注于研究产品相对无差别的消费类别（如肥皂、咖啡和啤酒）。然而，一项在 2019 年的最新研究支持了琼斯的发现，并发现 B2B（企业对企业）品牌也可以通过增加话语权份额来增加市场份额。无论你管理的是哪种类型的品牌，话语权份额都很重要，因为它是市场份额的一个强有力的决定性因素。作为一个新来者，明智的做法是把国内的媒体战略留在国内，用新的眼光研究新的媒体环境，确定新市场中的最佳媒体渠道和最优媒体投入。

与此相关的是网络营销环境。如果你能有效地利用在线广告和社交媒体，就能有效提高在新市场的话语权。除了平台可能不同之外，这些平台的使用方式和使用的语言也可能不同。用于投放在线广告或搜索引擎优化（SEO）的关键字需要根据当地语言和文化重新考虑，这往往需要思考和洞察力，而不仅是把你在国内使用的关键字通过谷歌翻译转换一下。同样，你还需要当地专业人员的知识来驾驭媒体环境，并有效地提升你的品牌在新市场的话语权份额。

市场情报

在国内，你通常被动地意识到市场的变化是理所当然的，而且能够相对迅速、准确且便宜地临时获得当下的市场情报。

在国外，如果你不在当地市场生活且（或）不会说当地的语言，市场的重大变化很可能无法传递给你，而要临时获得市场情报可能需要更长的时间，而且可靠性更低，成本更高。

大多数人在想到营销时，他们想到的是促销，也就是与市场对话。对于战略营销人员来说，营销的一个更重要的功能是为营销团队提供来自市场的新情报和新见解。市场在不断变化，市场营销人员的工作就是预测这些变化，并及时调整营销组合。当市场远在数千公里之外时，要与市场保持如此密切的联系是很困难的。这又是一个可以为本地品牌创造主场优势的因素。

与国内市场相比，你的团队在国外市场工作，面对买方观念、竞争对手活动以及整体市场条件的不断变化，仍要保持领先，将要面临更大的挑战。你们最好在一开始就接受这一潜在的盲区，并采取积极的补救措施。我建议为每个市场建立一个"市场情报计划"，定期评估买方、竞争对手和市场状况。你们可以通过访谈和集中调查来了解买方的情绪，再持续推进净推荐值和网络分析等项目作为补充以进行更深入的研究。对一些品牌来说，一年一次深入调查可能就足够了，而对另一些品牌来说，可能需要每季度进行一次。重要的是，你的团队能够及时收到稳定的市场变化信息，这些信息对你们在每个市场的业务至关重要。许多中小型企业对这种投资的成本望而却步，因为他们没有使用这种结构化方法，也已经在国内取得了成功。这就引出了我们的最后一点，在国外工作时对记录和编纂的需求增加了。

记录和编纂

在国内，通过试错，你的营销方案随着时间的推移有组织地进化。你目前的成功可以归因于你的团队拥有大量未经记录的经验知识。

在国外，你需要许多原有团队之外的专业人士的合作和贡献。他们通常距你很远，讲不同的语言，有不同的商业惯例，对你的品牌、战略或流程一无所知。

我见过一些非常成功的品牌在国内运营时，除了年度营销预算之外，几乎没有任何关于品牌识别、营销战略或流程的书面记录。这些团队往往都是内部协调良好的团队，所有人都知道计划，只用继续做自己的工作。这样的团队确实值得称赞，但当你进入新的市场时，还依赖这种凭直觉工作的团队就不太可行了。

在国外取得成功需要与团队之外的许多人合作，这些人与你文化不同，协调他们工作、集中他们的精力需要你思路清晰，快速调动大量的知识。以前你认为是理所当然的事情，现在需要以一种能让他们理解的方式向这些身处几千公里外的人解释。曾经简单到直接把一份文件交给坐在你旁边的同事，然后快速交谈的流程，在国外市场工作时，可能要涉及更多的人员和步骤，更不用说还有像时差、业务规范、工作习惯、语言障碍、假期安排等实际问题。

我发现同时保证质量和效率的最好方法是记录和编纂。你要和你扩充之后的团队一起创建一个营销生态系统，其中包括在第一章中讨论的基本术语和原则。如果你能编纂出品牌"法典"，分解你的品牌识别的各个组成部分，让那些不熟悉品牌的人也能很容易地学习和操作，也会有所帮助。品牌战略和操作程序，从广告的改编，到文档命名和版本控制，再到定期收集营销情报，都应该被记录下来并系统化，即使这些措施在你的国内运营中并不需要。如果能做到思路清晰，那么你会在更短的时间内创造出更好的结果，并大大减少管理国外市场对整个企业的影响。这项工作并没有听起来那么艰巨。我的团队曾带领客户完成了这个过程，并在短时间内让整个流程启动并运行，避免了企业可能要花费数月或数年才能度过的挫折。

总结

　　本章的主要结论是，在海外推广品牌时，曾用于本国市场的千篇一律的方法是行不通的。无论表面上看起来多么相似，你进入的每一个新市场都有自己的特殊情况，都需要特殊对待。这就是为什么在国内成功帮你建立品牌的高管实际上可能是带领你进入外国市场最糟糕的人选。在国内市场的成功会蒙蔽他们的双眼，让他们获得可能无法迁移的经验。这使得他们很难用新的眼光来看待市场。而管理层要求在国外市场重现国内业绩的压力可能会加剧这种情形。我曾在一位制药企业高管身上看到过这种情况。他在美国推出了一种药物，取得了一定的成功，然后立即被提拔为在欧洲推广同一种药物的负责人，而他在欧洲市场没有任何经验。虽然包括高管自身在内的所有人都清楚这一点，但管理层希望他能用在美国使用的方法在欧盟重复这一成就。这位高管不顾所有反对建议，采用了在美国所使用的策略，导致该药物在其上市的每一个欧洲市场都陷入困境，失败的原因如上所述。

　　国际营销和国内营销的主要区别在于复杂性。国际营销带来了大多数国内营销人员不愿承认或处理的复杂性。在大多数情况下，这是因为他们从来没有预见过它的到来。幸运的是，你预见到了。在你准备把你的品牌推到国外时，花点时间确保你企业里的每个人都清楚市场营销所起的作用，并思考本章概述的 7 个差异。虽然这并不能消除在国外发行品牌产品所固有的风险，但能帮助你和你的团队更好地化解这些风险。

SALE

第三章
如何降低风险

管理风险首先要承认风险

1901 年 10 月 24 日下午，在纽约北部的山羊岛，一位 63 岁的妇女和她的猫爬进了一个木制泡菜桶里。木桶密封后被扔进了尼亚加拉河，水流带着它们越过了 57 米高的瀑布边缘。为什么会有人这样做呢？与许多企业家想进入国外市场的原因相同——为了钱。

这个女人名叫安妮·埃德森·泰勒（Annie Edson Taylor）。她是一位寡居的美国女教师，相比落在瀑布下面被摔成碎片，她更害怕进救济院。尼亚加拉瀑布不是世界上最高的瀑布，但它肯定是水流最猛烈的瀑布之一，每分钟有近 11.5 万立方米的水从悬崖上流过，号称是地球上流速最快的瀑布。泰勒在这场磨难中幸存了下来。当她在瀑布底部从冰冷的水中被救出来时，她说："如果我只剩最后一口气了，我会告诫任何人不要尝试这个'壮举'……我宁愿走到大炮口，知道它会把我炸成碎片，也不愿再来一场这样的经历了。"虽然这场"特技表演"没有让她变得富有，但确实帮助她实现了目标，避免了进入救济院的命运。在之后的 20 年里，她一直声名狼藉，直至去世。泰勒的特技表演无意中引来了一群追求名利的胆大妄为者。从那时起，有 16 个这样的人越过了瀑布，其中 11 人幸存了下来。

在给商业领袖或国际营销专业的学生上课时，我经常讲这个故事。在我讲述完泰勒的故事后，我在班上提问，如果经受这 20 分钟的磨难能让他们赚到 100 万美元，有谁愿意被关在木桶里穿过瀑布？没有人举手。我假装很惊讶，难以置信地问："为什么不呢？""太冒险了。"他们回答。然后，我讲述了我在开始我的第一个海外业务之前，参观瀑布冒险展览时的一个感悟。

在尼亚加拉瀑布附近有一个小地方，展示着那些曾经尝试过瀑布冒险的人的纪念品和故事。在展览馆里，一个朋友问我，是否愿意为了 100 万美元去翻越瀑布。我的第一反应是"不！什么样的白痴会……"，但我说到一半就停了下来，因为我突然想到，我在欧洲开展业务所冒的险，比从瀑布上跳下去的成功率要低得多。从历史上看，翻越尼亚加拉大瀑布的平均存活率为 69%。参考我之前读到的所有文献都认为新品牌的存活率约为 10%，从这样算下来，翻越大瀑布看起来是一种更明智的谋生方式。

我向那些正在考虑进入一个新市场的人提出这一点，不是为了劝阻他们，而是首先让他们清醒地意识到他们面临的非常真实的商业风险，希望这能激励他们努力做好必要的工作以降低风险。那些热爱自己的创造的企业家，或者怀疑自己发现了新机会的高管，最容易忽视这些风险。

克服认知偏差

忽视或严重低估风险的倾向并非个例。在 2001 年的文章《距离依然重要：全球扩张的艰难现实》（*Distance Still Matter: The Hard Reality of Global Expansion*）中，潘卡吉·格玛沃特（Pankaj Ghemawat）以澳大利亚商人鲁珀特·默多克（Rupert Murdoch）在亚洲各地推广卫星电视（Star TV）为例，回答了为什么企业出海会失败这个问题。格玛沃特认为这种努力是一场"高调的灾难"，他说，失败是那些寻求全球扩张企业的一贯结局，"因为它们像 Star TV 一样，经常高估外国市场的吸引力。他们被广阔的未开发市场弄得眼花缭乱，以至于忽视了开拓新领地，且往往是差异十分显著的地域所潜藏的巨大困难"。

诺贝尔经济学奖得主、心理学家、行为经济学家丹尼尔·卡尼曼（Daniel Kahneman）认为，这种倾向是人类与生俱来的。他和阿莫斯·特沃斯基（Amos Tverske）创造了"计划谬误"一词来描述这种倾向。他们认为这是我们所有人共有的一种认知偏见，它使我们在判断与自己项目相关的时间和成本时，会变得非理性地乐观。我们会习惯性地疯狂低估项目时间和成本。这种偏见还顽固地抗拒与我们的判断相矛盾的事实证据。奇怪的是，这种偏见只存在于对自己任务的预测。在独立观察者对别人的项目做出判断时，他们会表现出悲观主义的偏见。卡尼曼在他的《思考，快与慢》（*Thinking, Fast and Slow*）一书中，举了 些例子，比如 2002 年对美国房主的一项调查，房主们预估改造厨房的平均成本为 18 658 美元，但实际上，他们最终支付的平均成本为 38 769 美元。任何与这类例子相关的人都应该注意。

虽然已经有这样的警示，但卡尼曼所说的认知偏见，加上紧迫感和兴奋感，往往会使管理者得出结论——没有必要且（或）没有时间在行动前三思而后行。戈罗维茨和麦金泰尔将这种行为归类为无能，也就是本书第一章所讨论的，他们断言所有的失败都可以追溯到这两种可能性之一：一种是本身对某一特定学科中已知或可知的内容了解有限，他们称之为"无知"；另一种是从业者的任性和疏忽，他们称之为"无能"。"当那些本应被自然科学的外在规范所约束的动机——野心、急躁、好胜心、为世界做有益之事的强烈渴望，被允许凌驾于内在规范之上时，任性和疏忽就会出现"，这在很大程度上解释了格玛沃特等人所描述的国际扩张计划失败背后的驱动因素。以市场营销为例，约束我们低级本能的"内部规范"指的是客观的研究和分析。

理查德·泰德罗（Richard Tedlow）在他的书《否认：企业领导者为何无法直面事实以及应如何应对》（*Denial：Why Business Leaders Fail to Look Facts in the Face and What to Do About It*）中进一步揭示了商业领域普遍存在的无能。这本书探讨了为什么理智、聪明的领导者经常拒绝接受那些会威胁到他们的企业和职业生涯的事实。作者发现，企业领导人倾向于抗拒令他不舒服或痛苦的事实，这是"企业要面临的最大、可能最具破坏性的问题，无论是初创企业还是成熟、强大的企业，都会面临这样的问题"。当然，抗拒真相可能事实上并不总是那么糟糕。如果每个企业家都对失败率耿耿于怀，那么我们可能就没有多少企业家了。所以，少许的痴心妄想或许也可以成为成功的润滑剂，帮助我们战胜困难。泰德罗还引用了乔治·奥威尔（George Orwell）的话，奥威尔把这种倾向称为"自我保护性的愚蠢"。他警告说："在商业中，假装事情比实际情况要好，实际上肯定会失败。"

即便是最优秀的管理者也天生有这种倾向，即不强调复杂性和风险，并回避那些可能对他们的期待构成障碍的信息。这并不是因为他们不擅长自己的工作，而是因为他们是人。这有好也有坏。说它不好，是因为这意味着这种行为是所有管理者都会有的正常状态，并给全球市场扩张带来重大风险。说有好处，是因为知道了这一点，我们就可以避免它。如果能意识到自己的认知偏见和破坏性行为，那么我们就可以采取措施来抵消它们。

卡尼曼建议，解决计划谬误的方法是采用项目的"外部视角"，将尽可能多的参考数据汇总到预测中。对我们来说，这首先要为我们的国际市场创建一个独立的商业计划。

成功来白自身

在诞生进入国外市场的想法时，管理者们通常会首先放眼市场，评估这个市场的国内生产总值（GDP）增速和其他经济因素，收集销售和人口数据，在处理数据之后做出预测，以此来证明市场扩张（以及他们的认知偏见）是合理的。道格拉斯·奎肯博斯（Douglas Quackenbos）、理查德·埃滕森（Richard Ettenson）、马丁·S. 罗思（Martin S.Roth）和欧世英在他们的文章《你的企业是否具备走向全球的条件？》（*Does Your Company Have What It Takes to Go Global?*）中认为，虽然上面列出的这些外部因素很重要，但它们只是冰山一角。在10年的时间里，他们研究了100多个国际企业。他们发现了这样一种模式：管理者过于急切地进入国外市场，仅仅是因为他们渴望业务增长，以及认为外部市场这个因素似乎更符合他们的野心。这是很常见的失败标配，因为它掩盖了一个品牌在国外市场取得成功所要满足的所有其他要求。作者总结道：

> 外部因素只是为企业拥有进入国际市场的机会创造了条件；它们只是实现全球扩张的一部分，而且不一定是最重要的一部分。虽然企业认识到在新市场需要一些内在能力，如适应语言和文化的技能，但他们往往忽略了其他不太明显的内在要求，最后才发现自己还没有准备好迎接等待着他们的挑战，但为时已晚。

我表示赞成。

在看向国外市场之前，有一个步骤可以有效保护你免受自身认知偏见的影响。一个企业在开始国际扩张的过程时，应该先从内部审视自己的企业、产品、动机、假设、资源、历史数据和风险承受能力。这可以通过为扩张国际市场创建一个商业计划来实现。

要制订商业计划就会迫使企业领导层三思而后行。它会系统而客观地列出启动一个项目或任务的首要原因。对于进入国外市场，它会阐明企业为什么需要这样做，并尽可能利用历史数据和案例量化预期价值、成本和企业风险。因此，它是在企业做出任何决定之前完成的。至少，应该如此。

据项目管理专家伊丽莎白·拉森（Elizabeth Larson）和理查德·拉森（Richard Larson）所言，项目往往在没有适当的商业计划的情况下就启动了。他们还描述了企业忽视这一关键步骤的后果，包括目标、时间和成本不明确导致范围蠕变、成本和进度超支、项目延误和返工。项目缺乏强有力的商业计划，也就无法预测商业环境的变化，从而将项目置于危险之中。最终，这样的项目往往会因为失去项目赞助商的支持而被彻底废弃，"项目被取消、产品未使用带来的实际影响就是浪费了投资，损失了机会成本，随之而来的还有痛苦和沮丧"。

ABCO 案例

我曾亲眼见证上述 2 位项目管理专家所说的后果。有一家成功的欧盟企业，我们将其称为 ABCO（不是他们的真名），聘请我的企业帮助他们开发他们的第一个面向消费者的品牌。ABCO 已经在医疗用品方面建立了强大的 B2B（企业间的电子商务）品牌，并已面向全球企业销售其产品。它希望以一个面向消费者的电子商务品牌进入多个市场。在他们聘请我的企业来开发国际品牌识别和营销策略时，这个项目已经进行了近 2 年。起初，我的团队对这个请求感到很困惑。首先是因为时间安排得很奇怪——营销策略和品牌识别通常是在项目一开始就完成的，而不是在 2 年后。更奇怪的是，这一举措与 ABCO 的核心竞争力、品牌形象或商业模式并不相符。

　　为了帮助我的团队了解情况，我要求查看商业计划，却被告知根本没有商业计划。我问为什么要启动这个项目。这位营销总监表示，ABCO获得了一种机器的2年独家代理权，该机器可以对礼品进行个性化处理（包括给派对客人的小礼物）。个性化的派对礼品当时在消费者中越来越受欢迎。该企业的首席执行官看到了这类产品的预期销量，便希望利用新机器在这一趋势中获利。我告诉营销总监，我很难给出合理的建议，并请他从我们的预算中拨出一小部分来进行初步的商业案例分析（尽管是事后分析），来支撑营销战略。

　　我们用3周的时间完成了初步的商业案例分析。我们的研究和分析揭示了ABCO未曾预料到的一些挑战。

　　● ABCO启动该项目时是基于这样的假设：它通过谈判获得的独家生产权的产品是独一无二的，而且它在即将进入的市场上几乎没有竞品。这两个假设都不成立。在他们想要进入的市场上，有2个强有力的竞争对手，它们都拥有强大的消费者品牌，更不用说还有几十个小品牌。这两个最大的竞争对手有数百种产品可以将礼品变得个性化，但其中没有我们的客户计划推出的新产品。再深入调查一下就会发现，其他一些竞争对手使用了不同的技术来生产与我们客户相同的产品。而且竞争对手的产品效率更高，图形分辨率也更高，价格却更低。

● 我们的客户计划销售的配套产品十分有限，这意味着消费者将不得不从其他地方购买配套的其他产品。但在他们计划进入的市场上，消费者并不会这样购买这些产品。那里的消费者想要一站式购物。

● 首席执行官对决定启动这个项目是基于对该类别产品总体销售额的预测。结果发现，该类别产品的网络销售额只占总额的不到15%，其余都是在实体店销售的。

● 分配给媒体的预算大约是实现销售目标所需流量的十分之一。

● 更糟糕的是，由于这个项目不断出现成本和超支问题，产品机器的独家经营协议将在电子商务网站计划启动前2周到期。

在我们给出这些调查结果1个月后，ABCO的首席执行官取消了已经耗费2年时间和数百万美元的项目。

在这个案例中，推动这个项目启动的2个最初的事实都是有效的。确实，这类产品的市场销量在ABCO的目标市场地区增长强劲。确实，ABCO拥有此类产品机器的独家生产权，但仅凭这些事实不足以支持ABCO要推出一个消费者品牌的决定。这是因为这2个事实本身既不能让人洞悉其成功的可能性，也不能为其提供实现成功所需的战略。即使是最基本的商业案例分析也能在一开始就揭示这一点。

同样令人惊讶的是，ABCO 有一个更合理的替代方案，却被忽视了：利用其现有的 B2B 模式和专业知识，将其拥有独家生产权的产品出售给目前在市场上占主导地位的 1 家或 2 家企业。这种方法可以让企业立即进入目标市场，而风险和成本可以忽略不计。通过利用这种方法，它可以从这 2 年的独家经营协议中获取最大的商业价值。

以 ABCO 为例，它已经在计划推出消费者品牌的市场上向企业出售过产品了。所以，从某种意义上来说，这些市场对它来说并不陌生，因为它在那里一直有业务。但这些业务是 B2B 销售业务。现在，它正在考虑建立一个消费者品牌。虽然这个国家对他们来说并不陌生，但市场肯定是陌生的。ABCO 完全没有开发消费者品牌或战略营销的经验。它想要进入的消费市场显然不在他们的能力范围之内。由于无法认识到这一点，它将其在 B2B 销售领域的经验、形成的方法和假设应用到这场新的冒险中。直到我的团队明白了这一点，才揭示出了这种潜在的逻辑。

ABCO 此次开展消费者品牌营销活动的方式，正是其在同一国家成功开展 B2B 销售活动的方式，在我们明白了这一点后，它所做的一系列令人困惑的决定就说得通了。可以说，在与采购部门一对一的销售经验中形成的许多假设很难转化为面向消费者的战略性大规模营销。初步的商业计划就能帮助

ABCO 意识到，它正在进入的是一个它所熟悉的国家，但是一个陌生的市场。

正确看待风险

如果一个董事会通知其首席执行官，在 6 个月后，他们将被塞进一个泡菜桶，被送往尼亚加拉瀑布，参加失败率约为 30% 的瀑布冒险。可以确信的是，接下来的 24 周，他们会疯狂地研究尼亚加拉河的水流模式，在材料科学、流体动力学和人类生理学专家的帮助下测试多种桶的设计，咨询气象学家以确定需要考虑的环境因素，等等。首席执行官会立即意识到他们知识上的不足。此外，即便是最普通的假设，他们也会仔细审查并质疑，以确保成功的概率达到最高。他们会这样做，是因为他们发自内心地认识到，他们将面临的风险完全是外来的，且他们应对这些风险的能力有限。

出于同样的意义，我经常看到首席执行官们在进入一个失败概率超过 50% 的国外市场时，不愿在启动项目之前投入任何时间和预算来开发一个商业计划，更重要的是，甚至不愿为其设定参数。在这些案例中，我发现问题不在于资金，而在于所需的时间。一旦发现了一个进入市场的机会，领导层就会想要继续前进，这是可以理解的，因为在他们看来，像商业计划和调查研究这样的烦心事看起来只是不必要的拖延。

进行商业案例分析不应该觉得它减缓了项目推进的势头。这些措施不应该被视为对过程的干扰，而应该被视为过程中至关重要的第一步。下面我将概述一种评估机会、风险和成本的方法，这种方法从一开始就应该和市场进入过程紧密地衔接起来，而不是被视为可有可无。

应该包含的内容

商业计划可以有多种形式，但它们都旨在对现实进行客观检验，以确保管理层在开始新的冒险时清楚地了解他们将要进入的市场。首先，让我们来看看它的主要组成部分。要了解更多与这个主题相关的信息，我们可以将项目管理协会（Project Management Institute，PMI）作为一个很好的资源。这是一个提倡项目管理标准化的国际非营利性专业组织。在2009年的 PMI 全球大会上，协会成员布赖恩·赫尔曼（Brian Herman）和杰伊·西格劳布（Jay Siegelaub）提出了一个合理的框架。经过一些修改后，我发现这个框架对创建商业计划很有用。它围绕5个主要的主题构建。

● 原因：明确企业通过项目寻求的目标和预期利益，探讨项目要解决的问题以及最初产生问题的背景。

● 选项：根据企业的目标和资源，确定解决问题的不同方法。这个主题强调每种方法的利与弊以及选择某一种方法而不是其他方法的依据。

● 收益和负面后果：明确预期收益、实现这些收益需要的时间以及如何衡量这些收益。这不仅要求列出可交付的成果，还要更深入地研究项目所创造的商业价值。它要探讨项目可能伤害企业或增加企业负担的方式以及如何将这些负面影响降到最低。

● 时间尺度和成本：了解完成一个项目所需的时间以及所涉及的成本，这对于决定是否开展项目至关重要。这里要尽可能多地使用历史参考数据来探讨这些要素，这样企业就可以对所需的资源有一个清晰的概念。

● 主要风险和机会：企业内部或外部的哪些因素会威胁到项目？哪些因素可能有助于项目成功？这些因素在项目推进过程中以及之后可能会发生怎样的变化？权衡这些因素将有助于管理层决定项目是否在他们的风险承受范围内。这种方法要求调查人员深入研究这些关键领域，并定义当前的现实情况。然而，在推进一个重大项目的过程中，市场背景和商业环境可能会发生变化，因此，赫尔曼和西格劳布还要求研究人员考虑未来的变化会如何影响这5个因素，并据此改变基础性的假设。

在网络上或联系咨询企业可以找到几十个商业计划模板。你应该能够找到一个适合你的企业和项目的模板，或者修改你找到的模板来创建你自己的模板。我发现，根据项目的具体需求调整这些模板很有用。

继续前行

如果在制订商业计划时一切项目都停止了，那么在分析交付结果之前，你就已经不需要它了。为了避免这种情况，同时为了创造动力并持续吸引赞助商，我建议将这项工作纳入图 3–1 中定义的市场进入阶段。商业计划的开发不应被视为是与企业进入市场前的核心流程无关的或分离的事情。在国外市场推出新品牌或新产品，通常分为 4 个主要工作阶段。这项工作要与企业的所有其他职能部门相协作，尤其是信息技术、生产和分销部门。由于每家企业有不同的流程，我冒昧地在图 3–1 中勾勒了经过构思的 4 个主要工作阶段。从这个模型出发，我们就能够找到将赫尔曼和西格劳布概述的将商业计划标准纳入工作流程的合理的方法。

想法	第一阶段：框架	第二阶段：开发	第三阶段：实施	第四阶段：管理
定义	定义	开发	实施	创建
需求	解决方案	解决方案	解决方案	价值

图 3–1 进入新市场时，经过构思的市场营销工作的 4 个一般阶段

想法

听到一个关于重大营销计划的想法，比如进入一个新市场，你第一时间应该快速检查一下，并问一些很明显的问题。你越早发现新想法，并由此抛出问题或机会，就越容易确定这个想法的发展方向。这不需要研究，只需要你有常识和经验。以 ABCO 案例为例，首席执行官有一个想法，利用他们 2 年的独家生产权，直接向几个国家的消费者销售。如果当时能有人提出一些显而易见的问题，比如在这些市场上创建一个消费品牌需要多长时间，或者为什么企业不打算把产品卖给已经拥有强大消费品牌的零售商，而要与他们竞争，那样的话，ABCO就可以省下那 2 年浪费的资源。

第一阶段：框架

这是一个关键阶段，但是最常被忽略。用医学上的比喻来说，这一步就是初步诊断。在未进行初步诊断的情况下给患者做心脏手术，就是玩忽职守。在大型企业中也是如此。运用赫尔曼和西格劳布的标准，你要梳理出究竟想要通过这个计划实现什么，以及它所包含的风险、机会和影响。例如，如果你的想法是进入一个早有意向的市场，那么在这个阶段就可以标记出这个选择的潜在影响。如果你正在考虑多个市场，那么框架应该清楚地表明哪些市场最能满足企业的目标。如果是选择多个市场进入，那么就按照理想市场的顺序对市场的优先级进行排序。接下来的 3 个步骤要在企业计划推出其品牌的每个国外市场重复执行。

一个好的医生会从多个角度来看待要解决的问题，从而做出初步诊断。诊断结果会针对如何继续治疗以及需要做哪些进一步检查给出建议。而在市场营销诊断中，其结果给出的建议则是关于如何在初步评估的基础上以最佳方式推进项目。该建议包括一项行动计划，并详细说明第二阶段所需的步骤以及大致的时间线和成本估算。如果企业决定按照该框架报告推进项目，那么第二阶段最终批准的预算将会收紧。

下面我以举例的方式列出一份框架文件的大纲。此大纲仅供参考，因为框架文件应该根据你所在的企业的具体情况进行定制，比如企业的目标和状况。下面这个框架来自一家在十多个国家开展实地业务、服务于全球市场的机器人企业。他们通过一系列收购迅速成长，现在已经形成了企业和产品品牌的组合，且每个品牌在不同的国家和类别中都有不同层次的品牌资产。该企业的新任首席营销官是一位敏锐的战略营销从业者，他在寻求一个计划，能使企业实现全球品牌架构、营销战略和品牌识别，从而帮助企业在各品牌之间创造协同效应，并能够更好地争夺员工、客户和投资方。我们迅速对企业做了全面检查，而后进行了框架设计。我的团队希望这项工作能涵盖赫尔曼和西格劳布所设的标准，并在领导团队中建立共识。该报告的主要部分如下：

● **问题**：我们要明确通过此项目所要解决的业务问题、它对业务的影响以及其中关键的内外部因素。

● **选择**：用营销组合解决该问题的最可行的方案，要分析竞争对手和客户应对类似挑战的方式。

● **解决方案**：建议最可行的方案，包括相比其他方案，选择该方案的逻辑依据。

● **价值**：实现目标后给企业带来的价值。其中包括对客户、员工和投资方的价值。

● **假设**：提出建议及使计划成功主要依赖的假设。

● **信心**：关键性假设是由调查者根据它们的有效程度来评定的。这是一种判断，主要依据是研究对这些假设的支持程度和研究的有效性。

● **风险**：确定风险因素，并就如何减轻风险提出建议。其中包括所有被标记为低可信度的关键性假设。

● **情景**：进行情景设想以预测已知变量对项目进展的影响，并实施监控以防止它们使项目偏离预期。

● **后续步骤**：根据建议确定战略所需的范围、时间线和资源，其中包括对成本和时间要求的讨论，以实施计划并开始为企业创造价值。

● **附录**：

词汇表；

SWOT 分析；

竞争对手分析比较；

第二阶段工作分解；

框架设计方法。

第二阶段：开发

一旦我们知道了要关注的国家和问题，就可以对市场、竞争对手和买方进行深入研究，从而制定出可靠的战略。如果我们在框架中提出了重大的不可预见的问题，就需要进行额外的初步研究来解决这些问题。这种应急措施应该在发现问题阶段就有所规划。这一阶段完成后，要形成一个相当细化的营销地形视图，它的位置应在企业目前的位置和它希望市场扩张的位置之间。

根据这些信息，战略会给出在选定市场获得最佳成功机会的路线。它会详细说明企业应如何使用营销组合来导航并实现其业务目标。其中包括对所需时间、预算和资源的粗略估算，以及任何外部专业知识。如果企业决定推进该战略，那么在第三阶段的最终批准前，企业将会收紧预算。

第三阶段：实施

这一阶段是制定实施战略所需的具体战术，其中包括定制营销组合，这可能涉及对产品和定价的调整。在大多数情况下，其中还包括通过修改或创建应用程序、网站、内容方案、广告、媒体计划、活动、销售支撑材料等来开发具有支撑作用的营销基础设施。通常，我们还努力建立方法和流程，以监控营销工作的进展，并从市场获得源源不断的意见。

在国外，市场实施计划可能比在国内市场需要更多的外部专家。这可能包括一系列第三方，从广告企业、网络开发商到过渡期调研企业。就我个人而言，我的企业将大部分实施工作外包给了值得我们信赖的全球合作伙伴网络，但我们仍然积极参与监督工作，以确保所有参与者得到协调，并保持战略一致。你也需要做同样的事情。

第四阶段：管理

在第四阶段中，需要启动和管理你所开发的项目。首先是营销计划，在接下来的 12 个月里，你每周都要详细介绍活动计划。这一计划还要规定负责每项活动的人员，他们将遵循的最优做法和标准操作程序以及如何衡量和报告他们的进展。如何处理这个问题将取决于你选择的运营结构。

退出通道

过于急切的高管往往会过早地投入到市场开发的细节中（往往是在事实未得到充分且客观的评估之前）。而一旦这些命令下达，普通员工就会将其视为"圣旨"。塔吉特加拿大公司和 ABCO 明显就是如此，在首席执行官启动项目后不久，项目就会获得巨大推力，以至于没有人敢质疑它的合理性；员工都忙于迎合首席执行官的要求。鉴于这种趋势，在开发市场的道路上你要建立明确的退出通道，并提前将其确立为最优做法，这一点很重要。

退出通道是开发过程中的一个点，领导层在这里停下来，评估情况，并做出进入或不进入下一个阶段的决定。如果这个决定是"不进入"，并不一定会扼杀这个计划。这只是意味着，在目前的情况下，这个想法不会成功，要么需要改进，要么需要放弃。退出通道应该以一种非常明显的方式置于整个过程中。

第一个退出通道是健全性检查。如果这个想法有明显的缺陷，应该尽早提出，并在进一步考虑这个想法之前将其反馈给提出这个想法的人，即使这个人是企业所有者或首席执行官。第二个退出通道是在框架的末尾。在这个退出通道到来时，你不会有项目总成本的详细账目，因为它在很大程度上取决于你所制定的战略。不过，你会有足够的方式来大致了解成本，并根据第二阶段提供的估算以及你所在的企业或其合作伙伴过去完成的类似项目的成本，来评估你所在的企业是否能够负担得起这些成本。

总结

即使是最优秀的管理者，也会自然而然地倾向于低估他们管理的项目将面临的风险以及需要的成本和时间。他们还会努力抵制与自己观点相悖的信息。目前，这是你成功实现国际扩张的最大障碍之一。你在决定进入国外市场时，只是意味着为你的产品确定了一个市场，这个决定不仅要有积极的经济数据作为支撑，还需要尽职的调查。在一个强劲的经济体中，潜在买方的存在对品牌的成功几乎没有预测价值。在你认真考虑在国外推出你的品牌之前，你要先做一个适当的商业计划。

如今，许多政府和大型企业都要求在进入新市场等重大举措中制订商业计划。但如果项目所需的大部分分析都可以在成本效益分析（CBA）、财务论证、投资回报分析（ROI）、项目可行性研究或框架构建等文件中完成，有些企业可能不会做一个完整的商业计划。你怎么称呼它并不重要。重要的是，在你做出进入国外市场的决定之前，你要花时间进行分析，其中包括赫尔曼和西格劳布推荐的 5 个标准。

塔吉特认为其信息技术系统可以在加拿大运行，或者至少可以及时更换。ABCO 认为，它可以用分配给 B2B 营销活动的预算同样实现 B2C 营销活动。在 ABCO 案例中，该企业能够在聘请外部顾问，获取客观的外部视角后，很快就看到了自己面临的障碍。塔吉特的情况是，这种视角要来得晚得多，那是在企业成立后由客户给出的。当一家企业在海外市场发现机会时，它通常会做出与塔吉特和 ABCO 类似的反应。开发一个合适的商业计划是一个烦琐的过程，它直接跳过了。相反，它开始寻求用消费趋势和市场增长数据来证明它已经做出的决定是正确的。但这种行为是错误的。

塔吉特的首席执行官斯坦哈费尔在企业真正推进项目之前就曾谈到将企业推向国际的问题，但显然他认为没有必要进行可行性研究来了解项目可能产生的影响。当有机会购买 Zellers 在加拿大的零售店租约时，他毫不犹豫地跳了进去。他树立了大胆的目标，营造了一个"勇往直前"的工作环境。直到企业在加拿大上市之后，他才开始意识到这个决定所包含的意义。

在塔吉特工作的 35 年里，斯坦哈费尔已经证明了自己是一个非常有能力的管理者。我猜想，如果他选择在美国同时开设 124 家门店，他早就实现了这个大胆的目标。企业的信息系统会正常工作，不会有涉及关税和其他新法规的问题需要解决，不会有不同的计量单位，不会有价格变化，也不会有外国观念和消费者行为需要适应。由于从未在美国以外的地方开过店，所以他和他的团队对这些差异及其意义视而不见。

他们在知识和规划上的不足，在我们现在看来是显而易见的，但在当时却被错误的假设所掩盖。从这个意义上说，塔吉特在国内市场经营业务的丰富经验实际上对其在国外的发展不利。经验提供了一种虚假的安全感，让企业对眼前的现实视而不见。幸运的是，塔吉特足够大，能够吸收这个错误带来的损失，并存活下来。许多规模较小的企业就没有这样奢侈的条件了。

如果说塔吉特的例子教会了我们什么的话，那就是，再大的机会、再大的时间压力，都不足以让我们在没有商业计划的情况下就开始行动。在你贸然行动之前，先停下来，客观地评估一下这个机会。如果你有充分的理由，那么你已经迈出了第一步。进入新的市场可能永远不会像待在桶里越过尼亚加拉大瀑布那么"安全"，但有了一个合适的商业计划，你就离成功更近了。

前文图 3-1 定义了进入市场前市场营销的 4 个工作阶段。这个过程的最后一个阶段是管理。在下一章，我将介绍企业管理他们的国外营销业务所采用的不同方法。

SALE

第四章
明确自己的战略

全球一体化与本地化响应

我去埃塞俄比亚的一个农村工作，在当地的一家商店买了一杯饮料。当地有几款饮品我没有见过，但其中有一款的名字是阿姆哈拉语，我一眼就认出来了。我之所以能认出这款饮料，并不是因为我会说阿姆哈拉语，而是因为它的包装是樱桃红的背景，上面有醒目的白色字母，瓶子的形状也很特别。这是埃塞俄比亚可乐。我不仅认出来了，还很清楚它会是什么味道。这是因为可口可乐是一个对其服务的市场采取全球战略的品牌。可口可乐公司总部位于美国亚特兰大，但它不遗余力地将其品牌和产品在其 150 多个官方销售国家标准化。可口可乐公司偶尔会修改标签上的语言，在有些市场会用高果糖玉米糖浆代替蔗糖。但总的来说，可口可乐公司会努力让各地顾客对品牌有相同的体验，无论他们是在亚特兰大还是在埃塞俄比亚。可口可乐作为一种软饮料，它的吸引力很广泛。毫无疑问，这为可口可乐公司带来了高额利润。

美国食品加工企业亨氏（Heinz）则选择了一种截然不同的方式来对待市场。总体而言，亨氏的 20 个系列品牌与可口可乐公司一样遍布全球。但与可口可乐公司不同的是，亨氏积极改变其产品，以适应当地市场，甚至连其标志性番茄酱的配方都经过了调整，以适应世界各地的口味。虽然你可能会在国外的杂货店里认出亨氏的标签，但你无法完全肯定里面的产品与国内市场上贴着类似标签的产品是一样的。

你所销售的产品可以像可口可乐那样，通过追求全球标准化而获益吗？或者你觉得你可以像亨氏那样采用更本地化的方法来实现你的商业目标吗？在你想要在本土市场之外推广你的品牌时，你会开始感受到这两股相反力量的拉扯。一方面，在运营和战略上，你面临着全球一体化的压力。这样做的好处是规模经济、成本低且操作简单。另一方面，你也面临着本地化的压力，要求你满足当地买方的需求，适应不同的分销系统，并遵守当地的规范、法律和法规，以便更好地展开竞争。对其中任一方面采用得过多都不利于业务发展，所以你需要定义自己的舒适区。

在面对多个市场时，企业领导层必须做出新的决策。至少，你需要明确制定决策的方式，确定哪些保持不变、哪些要根据当地市场定制。和市场营销中的大多数事情一样，没有放之四海而皆准的解决方案，因为每个特定品牌在每个特定市场面临的挑战都是独一无二的。好消息是，在过去的半个世纪里，企业管理顾问们一直在开发各种模型来为各大企业提供帮助。具体而言，你可以从国际、多国、跨国和多国本地化等方案中进行选择。

对于大型跨国企业来说，它们选择市场的方法是经过深思熟虑的，也是它们整体商业战略的核心部分。而寻求海外发展的中小型企业则很容易处于边缘地位，这些企业往往通过二选一的方式来决定他们进入国际市场的战略，要么集中或分散管理，要么标准化或本地化产品。这种选择通常是在战略层面做出的，一般会采用对起步阶段最方便且成本最低的方式。围绕这 2 个标准来做决定并没有什么错，但要考虑并讨论选择之后的中长期影响。营销是企业的一个职能，将直接受到所选战略的影响。因此，市场营销领导层应该与其他同受影响的职能部门负责人一起积极参与这一决策。

本章无法回答哪种方法最适合你所在的企业，因为有法律、运营、税务等方面的不同考虑。我只会从市场营销的角度进行评述。在此过程中，我会阐明不同战略对营销策略和品牌识别的影响。

拥抱复杂性

克里斯托弗·巴特利特（Christopher Bartlett）和舒曼特拉·高沙尔（Sumantra Ghoshal）合著的《跨界管理：跨国方案》（*Managing Across Borders：The Transnational Solution*）是跨国管理领域的重要著作之一。我认为他们很好地抓住了从国内市场到国际市场的转变，他们将其描述为：为你的业务增加第三个维度。尽管这本书首次出版于 1989 年（更新的第二版于 1998 年出版），但我还是建议大家阅读一下。这本书的重点是管理，而不是具体的营销，但这两者是紧密交织在一起的，营销人员应该能发现书中的案例、分析和建议与营销高度相关。

这本书的主要内容是与 9 家跨国企业的 250 多名经理的对话。他们在这些高管的思维中发现了一些模式，而我本人在为企业的海外扩张代理工作中也观察到了这些模式。根据巴特利特和高沙尔的描述，许多跨国企业用几十年时间采取了类似的试错路线，来寻求最适合他们的营销战略。我认为，今天的许多首席执行官可以从巴特利特和高沙尔给出的案例中吸取教训，并将这些教训应用到自己的企业中，从而避免一些试错。

2 位作者所描述的跨国企业营销战略的演变，如今仍在许多企业内部上演。这种演变往往从二元、二维选择的视角出发。国际市场的管理人员认为，他们似乎必须针对以下几点做出最全面的决定：是采用集中指挥控制系统，还是允许子公司拥有更大的自主权；是将营销组合标准化，还是更灵活地适应当地市场；研发或制造等关键资产和资源应该集中还是分散。

巴特利特和高沙尔发现，来自所有行业、国家和管理文化的跨国企业管理者在决定如何进入市场时，都普遍做出了以下 3 个假设。

（1）跨国企业需要对所有部门、所有国家以及各部门的所有职能采取统一且均衡的管理办法。

（2）跨国企业需要清楚地描述所有部门之间的关系，将各个部门定义为相互依赖或各自独立。

（3）在跨国企业中，管理的主要作用是使决策制度化以及简化实施控制所需的机制。

如果你持有这 3 个假设中的任何一个，那么你并不是个例。他们采访的所有经理都认为，在跨国工作时，这些假设是成功的基础，以至于很少有人探讨这些假设，更不用说质疑了。它们诞生的原因，就是两位作者所认为的降低组织和战略复杂性的内在需求，这个需求是所有高管所共有的。据推测，他们会试图限制复杂性，至少将其限制在与舒适的本土市场相当的水平。毕竟，这是这些企业在海外冒险时展望成功的蓝图。

然而，两位作者认为，走向国际市场这一决定本身就增加了企业的组织复杂性。这是无法避免的。在你致力于跨国发展业务时，无论你采取何种方法，复杂性的增加都是你要付出的代价之一。试图消除这种复杂性只会适得其反。相反，企业必须努力理解并接受它。第一步就是抛弃上面定义的 3 个假设，用新的思维取而代之。

蓬勃发展的多国企业就是这样做的。它们在管理实践中不寻求统一性和均衡性，而是努力理解各部门、市场和职能之间的差异，并对解决这些差异的方法进行系统的区分。他们通过追求相互依赖来取代"依赖与独立"的心态。他们用协调和合作的愿景取代了命令和控制的心态。掌握这一方法的企业就是巴特利特和高沙尔所说的跨界企业，这是多国企业一个非常有竞争力的子集，其特点是能够保持高水平的全球合作，同时对其所处的市场环境做出强烈反应。

联合利华的战略

例如，联合利华根据上述 3 个假设，采取了很长一段时间的责任分散管理方法，允许全国子公司自己做决定。然而，随着时间的推移，这种全面统一的方式在全球范围内变得越来越难以管理。作者举了 20 世纪 70 年代的例子，当时联合利华的竞争对手宝洁推出了一种新配方洗衣粉，新产品由宝洁在全国的子公司集中开发并销售。而联合利华的大多数有自主权的国内子公司都是独立行动的，各自应对市场上的威胁。他们开发了 13 种不同的配方，并在各自的市场上推出。做 13 次新营销的成本是巨大的。更糟糕的是，产品推出后，人们发现，这13种新配方都比不上联合利华集中开发的配方，而这13个市场都放弃了这种配方，选择开发自己的配方。这一经历促使联合利华重新思考其经营策略。

联合利华没有将一切权力下放，而是承认，与其他产品相比，有些产品类别更适合采用较少的全球整合方式，而采用更多的地区差异化策略。比如，他们的洗涤剂业务可能适合采用自主权和产品差异相对较少的策略，而其食品业务可能受益于子公司有更多自主权以及产品本地化。但这也并不一定适用于这些业务中的所有职能。

在职能层面，联合利华意识到，洗涤剂的研发更适合采用高度集中的全球合作，洗涤剂的营销则更适合用更自主且更大的地区差异化策略。他们并没有就此止步。他们将其细化到每个业务领域、每个职能的地理层面。在上面的例子中，他们确定对于洗涤剂的营销，在像德国、英国和法国这样的国家，更适合采用高度的全球协调和本地化的营销，而在巴西和印度，本地化营销搭配极少的全球协调效果最好。这种个例评估取代了简单的"全球与国内、标准化与定制、集中式与分散式"的二分法。跨国公司不会问这些方法中哪一种最好。他们问的是，在特定的地理位置，哪种方法最适合特定产品类别的特定职能。他们承认，在所有事情上只选择一种方法而不是另一种方法是一种失败的观念。他们接受了复杂性。

为了使跨国企业蓬勃发展，管理者应该考虑用三维视角来取代在国内市场行之有效的二维思维，以适应国际化带来的复杂性。作者发现，对于一直在这 3 个假设下运营的跨国企业来说，要转变这种想法是非常困难的。但这对那些正在开始国际化旅程的企业来说是个好消息，因为你们现在有机会为国际发展而塑造自己的企业，避免以后改造它所带来的痛苦和成本。

跨国企业结构

为了提供一些简单的指向标，引导你进入市场，让我们将跨国企业定义为在多个外国市场上交易并在这些市场上投资的企业，称为外商直接投资（DFI）。DFI 的范围包括简单的营销到开设办事处、商店，或开展生产（分销）业务。我们可以使用巴特利特和高沙尔的模型来区分跨国企业对其市场所使用的 3 种基本战略——全球战略、跨国战略和多国本地化战略，将它们标记在一体化 – 本地化（IR）框架中（图 4-1）。框架的纵轴表示一体化程度由低到高，代表集中控制和标准化的压力。横轴表示本地化程度由低到高，代表采用自主化和差异化战略，从而高度适应当地市场条件的压力。请注意，该框架中有一种国际市场方案，不涉及 DFI，因此也不涉及本地品牌开发。

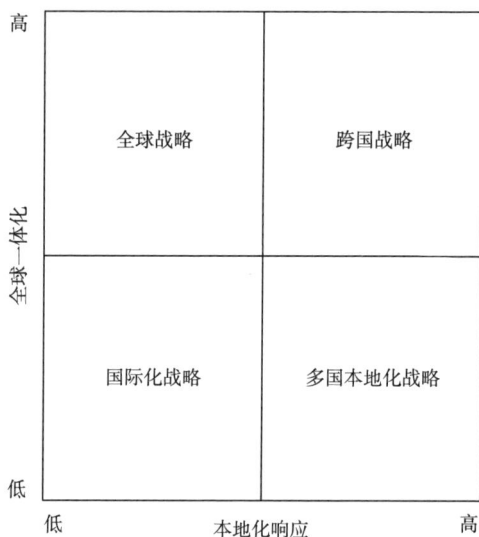

图 4-1　一体化－本地化框架：巴特利特和高沙尔在全球一体化和本地化响应 2 种方案之间寻找正确平衡点的模型

　　我们可以通过叠加几十个术语来定义公司在海外市场开展业务时采取的不同战略。但不同作者使用这些术语的方式也不尽相同。就我们讨论的目的而言，下面为了描述各种战略而设计的分类学细节并不重要。所有这些战略的目标都是相同的：在通过标准化和集中化获得效益的同时，对买方、竞争对手和整体市场条件做出足够的反应，从而在竞争中获得成功。营销人员可以从这些战略中获得的启发是，他们需要在通过标准化、集中化和规模经济获得的效率收益，与通过本地化、自主权和适应当地市场细微差别所获得的竞争收益之间进行权衡。取这两者的极端可以形成解决方案，在这两个极端之间可做的选择也有很多。下面给出的战略都可以归入不同的类别。然而，在实践中，跨国公司经常将不同战略的各个方面结合起来，创建属于自己的混合式战略，或为不同的产品定制不同的战略。你需要决定哪种力量组合会影响你所在的市场上的业务，并据此制定相应的战略。

全球战略

全球一体化：高

本地化响应：低

全球战略力求通过标准化以及最低限度的本地化，最大限度实现跨境效率。在这种战略下，控制权高度集中，给予当地子公司的自主权（如果有的话）很少。决策集中在企业总部，而企业总部通常位于最初成立所在的市场，不过并不总是如此。这些企业会尽可能将产品、定价模式（不是实际价格）、分销和促销标准化。只有在认为绝对必要的时候，他们才会去迎合当地的需求，在产品或促销中使用当地语言就属于这种情况。不过，即使是在促销方面，他们的目标也是开展易于适应当地语言的全球化活动。在这一定义下，倾向于以高度标准化的产品和品牌走向全球的跨国企业有可口可乐、吉列和微软。

多国本地化战略

全球一体化：低

本地化响应：高

这一战略与全球战略相反。采用这种战略的跨国企业与全球化企业不同，它们经常会根据需求调整产品，以适应当地的市场条件和偏好。采取这种战略的企业通常要面临巨大的压力，因为其出售的产品或服务要适应各个国家消费者的不同需求、偏好、法规或其他市场因素。为了更好地竞争，他们在管理和营销组合上倾向于有更高的自主性。他们往往会牺牲效率，以换取更强大的本地化能力。如果企业同时还想追求统一的品牌标志，那可能很难实现。全球性律师事务所可能会遵循这种模式，因为每个市场的法律法规都截然不同。在这种情况下，尽管法律法规不同，律所也希望能保留品牌核心价值（如果可能的话），不同的办事处则会有不同的价值主张。当然，"多国本地化"策略的最终表现形式还是针对当地市场开发不同的品牌。

跨国战略

全球一体化：高

本地化响应：高

这种企业要做的工作是最困难的。他们要努力对当地市场做出高度响应，同时还要拥有高度一体化的效率。从这个意义上说，他们要对每个业务领域、每个职能、每个地点进行权衡。是的，这很复杂，但这一战略能让企业两全其美。跨国战略除了要有娴熟的管理，还需要非常完善的价值观、品牌识别和产品要求，以确保这个品牌体系不会退化为一个由不同产品组成但各产品只是名义上相似的组合。虽然遍布世界各地的子公司可能被集中管理，也可能不被集中管理，但它们在品牌和产品方面确实会受到一些整体上的约束。例如，雀巢在瑞士本土市场销售的雀巢奇巧巧克力棒是一种曲奇夹心巧克力。但在日本，为了适应当地市场，雀巢奇巧巧克力棒已经完全变成了一个新品种。日本的雀巢奇巧巧克力棒有多种颜色可供选择，还有各种甜咸口味，比如烤土豆、芥末、芝士蛋糕和绿茶等口味。事实上，日本已经推出了300多种不同的限量版口味雀巢奇巧巧克力棒，但使用的品牌名称、标志、形状、包装材料、一般制造工艺和饼干都是一样的。对于日本的雀巢奇巧巧克力棒来说，这种方法很有效，雀巢奇巧巧克力棒已经成为日本排名领先的糖果了。

国际化战略

全球一体化：低

本地化响应：低

采用这种战略的企业会向来自不同国家的买方销售产品，但不会在这些国家进行直接投资。这些国际化企业通常被称为出口商。他们只在本国开展业务，只在本国生产产品或提供服务。但他们的买方却可能来自本国以外的其他国家。它可能是一家为全球其他企业生产自行车零件的中国合约制造商，也可能是波尔多的一家酒庄，将葡萄酒出口到世界各地。无论如何，这类企业不会在买方所在的任何外国市场投资开发品牌资产。因此，他们不在我们的关注范围之内。

总结

对你的企业来说，你应该如何在全球一体化和本地化响应之间做出选择呢？答案是，你不应该做出选择。

（1）不要把你的业务作为一个整体来选择战略，要为每一个业务功能、每一个地理区域和每一条业务线来选择战略。

（2）不要做二元选择，要在这两个极端之间的范围里探索可能性，为你的特定业务在特定市场的特定功能找到最佳平衡点。

如果你想对你的市场做出高度响应（这将帮助你更好地竞争），同时获得全球一体化的效率（这将帮助你获得更多的利润），那么这就是你所求的战略。当然，与连锁餐厅、喜剧播客或法学教材相比，滚珠轴承、阿司匹林或半导体可能只需要很低的市场适应能力。你必须评估你所进入的市场中对你的业务有影响的力量，并做出最佳决策。

本章提供了一个理论框架，帮助你制定进入市场的方法。

SALE

第五章
让海外市场理解你

宣传背后的力量

广告界知名人物大卫·奥格威（David Ogilvy）说："我不懂语法规则……但在我看来，如果你想说服人们做某件事，或买某样东西，你就应该使用他们的语言，要用他们每天使用的语言、他们思考的语言。我们要尽量用本地话来写。"

奥格威所说的并不专指国际营销，还指有效的宣传文案。他的话捕捉到了将宣传理念从一种语言转化为另一种语言时所付出的努力背后的冲突。营销人员害怕在外语拼写或语法上犯愚蠢的错误，又希望能写出说服目标受众接受品牌观点的文本，这是一种冲突。这种冲突还延伸出另一种冲突，一方面要忠实于原文，另一方面要以一种在当地语境中听起来自然的表达方式来保留信息，还要在目的语受众中产生与预期一致的效果。

在本章中，我希望通过探讨语言在营销中的作用，以及在将宣传理念从一种语言转换到另一种语言时，如何保留优秀文案的精髓，来缓解这些冲突。首先，我想介绍一下源语文本与目的语文本，以及语言和文化的概念。若你用你的母语创作了一篇宣传文案，并希望将其翻译成另一种语言，我们将该文本称为源语文本，它是从源语文化的角度用源语言编写的。然后，源语文本会被翻译成以预期受众所用的语言和文化来呈现的目的语文本。

对于任何写作来说，最大的挑战之一都是准确地传达情感。但这对营销人员来说重要吗？我猜有些人会回答"当然重要"。至于其他人，我首先说明，能够激发目标语受众的情感反应对业务有好处。随后我会探讨如何做到这一点，并避开一些常见的陷阱。

语言的作用

使用多种语言进行营销也有其自身要面对的挑战。为了帮助你管理，让我们先来看看语言在营销推广中所扮演的角色。首先，语言传达的是事实信息，大多数 8 岁孩子就已经掌握了重要的沟通能力。当然，这对市场营销很重要，因为事实是理性决策的燃料。这里只有一个问题：大多数决策都会受到非理性因素的严重影响。事实上，正如哈佛大学教授杰拉尔德·萨尔特曼（Gerald Zaltman）所指出的，在驱动购买决策的因素中，高达95%的因素都是非理性的。这项研究表明，清晰、简洁、符合逻辑的论据可以满足买方的理性需求。但是，如果你能以一种满足他们情感需求的方式来描述你的产品，可能会更有效。好的营销沟通就能做到这一点，因为它传达的不仅是事实，它还能在情感层面上吸引、激励和鼓舞人。这一点可以通过成熟的文案和艺术指导来显现。

这就给国际营销人员带来了3个挑战。

（1）要确保用外语传达的事实的准确性。这一般可以通过将外语文本回译成你的母语来进行验证。

（2）要确保使用的目的语拼写、语法和句法正确。这一点并不总是简单明了，因为一种语言的日常使用方式可能与官方使用规则不同，以及不同的目标人群使用语言的方式也可能有所不同。

（3）要确保文本的语气和表达方式能在情感层面上与读者产生正确的共鸣。对于一个非母语人士来说，这几乎是不可能由自己评估的。即使有你提供的源语文本作为指导，这项工作大部分的责任和可信度都寄托在国外市场实际为你撰写文案的人身上。

无论这些人自称是译者、改编者还是跨文化创作者，处理你的目的语文本的人都应该是一个能熟练使用目的语的人。有能力的说明文创作者能够以一种清晰且令人信服的方式传递信息。一个好的文案创作者，就像一个好的小说家或诗人，在语言方面可以有更多的发挥。无论是明示的还是含蓄的方式，他们都可以用语言来传递并激发情感，对读者产生非常具体的影响。从这个意义上说，好的营销推广更像是创意写作，而不是说明性作文。这种情感成分有助于培养利益相关者对品牌的兴趣、信任、信心、好感和支持。

语言的使用方式还能传达文本发出者的背景信息，比如他们与受众的相似程度，以及他们可能怀有的抱负或是否值得信赖。比如，我们的一位年轻顾问曾经建议我，发短信时不要用 LOL（laugh out loud 的缩写）来表示开心。她说，这让我看起来与年轻人脱节了，因为当时流行使用的是"HaHaHa（哈哈哈）"。这两个短语都传达了快乐，但后者还代表了信息发送者的社交能力，至少在她的同龄人中是这样。我们解读信息的方式会受到语言环境、文化、社会经济、年龄、性别和信仰的影响（这些影响因素还没有列举详尽），传递者需要了解这些背景并在文本中反映出来。

因此，语言似乎不只是简单地传达事实信息。在熟练的文案撰稿人手中，语言还能准确地反映读者所处的环境，传达隐含的信息，激发出特定的情绪。所有这些都能改变受众的思维、感受和购买方式。但聘用熟练的创作者也会花费更多的成本和时间。我们能证明所付出的成本和时间在文案写作上收获了积极效果吗？

与销售的联系

萨尔特曼并不是唯一一个认为积极情绪等同于销售额的人。在网上快速检索一下，你就会发现大量来自神经学、社会学、经济学和市场营销领域的研究成果，它们将品牌唤起的情感与企业赚到的钱联系起来。例如，广告研究基金会（Advertising Research Foundation）1991 年的一项研究就比较了35 种不同的广告试测法，看看哪一种是预测产品销售额的最佳指标。虽然所有指标都有一定的优点，但有一个指标超过了所有其他指标排在第一位：喜爱度。自那以后，这种基本情感就与品牌说服力、记忆力和忠诚度联系在了一起。反过来，广告及其他宣传材料的喜爱度又与讲故事的能力联系在一起，因为故事的讲述能够放大感觉、视觉、同理心、暗喻和明喻的使用，以及幽默感。这些都是优秀的文案和艺术总监在实践中形成良好创意沟通的标志。

研究人员已经在品牌推广的创意质量（即营销人员使用

的特定词语和图像）与销售额和市场份额之间建立了可靠的相关性。例如，尼尔森（Neilson）2017年的一项研究量化了广告对销售的影响。这项研究考察了5个变量，以明确它们对销售的相对重要性。这些变量分别是：

- 覆盖率：目标群体接触到信息的比例。
- 命中率：信息实际传递给买方的程度。
- 时效性：信息发布的时机，要能使目标客户决定购买之前立即看到信息。
- 创意：传达的概念以及用来表达它的文字和视觉效果。
- 背景：信息发布的背景和媒体环境。

这些因素似乎都很重要，可以帮助你促销，拉动销售。但研究发现，其中一个因素比其他所有因素加起来都更重要：创意。也就是，你用来传达信息的文字和图像。该研究中得出的一个结论是，如果创意的质量达不到标准，那么你花在媒体上的钱（这通常是推广预算中最大的一部分）很大程度上就浪费掉了。

此外，研究发现，在推动销售方面，在线视频、展览和移动广告的创意质量的重要性比电视高出50%以上。这意味着，对于依赖数字广告的品牌来说，好的文案和图像更加重要。该研究称，"就数字广告活动而言……创意的质量至关重要。即便有最好的媒体营销计划也无法挽救创意欠佳的广告"。

我们似乎可以有把握地得出这样的结论：在促销活动中使用的概念性创意和文案对我们在任何特定市场的销售都很重要。

使用多种语言

有些营销沟通是针对特定市场的。有时，你会在多个市场有类似的沟通需求，比如在做广告活动时。在这种情况下，你必须决定是在每个市场设计不同的活动，还是为所有市场设计同一个活动，还是介于这两者之间。如果你在每个市场都有同样成熟的广告企业，那么针对特定市场设计单独的活动可能会达到最佳的目标效果，但在投资回报率方面会表现得较差。因为以这种方式开展并管理活动所需的成本和时间可能会很高。

如果你正在执行一个高度分散的营销计划，也会有这样的情况：你可能会在一个活动中受益后，根据当地市场进行调整。这种方法使用了集中控制，成本也稍低，但会引发一个棘手的问题，即如何让同一个概念在多种语言和文化环境中发挥作用。用谷歌翻译来拯救？可能不行，为了解释原因，我们先把问题分解一下。

广告工作通常都包含这几个部分：创意概念（想法）以

及用来传达这个概念的文字和图像。概念和文字与语言有着千丝万缕的联系，而语言又与文化有着千丝万缕的联系。作为一名国际营销人员，你面临的最大挑战之一，就是把交织在一种文化结构中的概念和文字，毫无痕迹地移植到另一种文化结构中。

营销人员并不是唯一面临这个问题的人。文学界多年来一直在努力解决这个问题，我们可以从中学到很多东西。在这两个领域，我们讨论的情况都是，不仅需要传达事实信息以及至少对项目发起人来说，信息传递正确至关重要。

我们讨论的重点是，翻译创造性文本不仅是用字典给单词匹配。按照原文的引申义，寻找对应的词语，只是翻译工作的开始。真正的翻译是通过原作者的句法、流畅、措辞、语速、节奏、语态、强度和对读者的影响来捕捉原文所表达的内涵。这一点既适用于翻译经典文学作品，也适用于翻译精心编写的宣传文案，因为两者都必须唤起读者的情感，才能发挥作用。

如何翻译宣传文案

那么，该如何翻译宣传文案呢？大多数情况下你都没有办法去翻译它，而要去对它进行改编。翻译是将单个词和语法结构从一种语言转换为另一种语言。听起来很简单，但如果营销沟通只是简单地陈述事实，那么在国外，你的信息就很难被理解。现实中总会有这样的案例发生。

和文学作品一样，宣传文案不仅是传达事实信息，它在市场营销中有更广泛的作用。它必须赢得读者的信任，让他们相信文字背后的声音是真诚的，还要能够显示出读者的独特之处。文案听起来应该新颖鲜活，要能够激励潜在客户。你在营销国内品牌时，要做到这一点就已经很困难了，现在还要以一个外国品牌接近你的目标客户，那就更难了。要建立起品牌的可信度，你需要做的不仅是用正确的语法清楚地陈述事实，还要有引申义和内涵。这些有说服力的写作元素并不是单纯地让你在其中做选择或觉得"有就好"，它们对于文案所产生的效果至关重要，而这些元素仅通过传统的翻译是很难保留下来的。

为译者写作

这里值得注意的是，大多数缺乏国际经验的营销经理下意识的反应是，如果宣传概念中包含了任何无法逐字翻译的词语或文化元素，就不予通过。取而代之的是，他们要求简化的文本，以便翻译人员理解。我经常被要求用"简单可翻译的英语""文化中立的英语"或者我最喜欢的"大西洋中部英语"写宣传文案。他们指的是没有任何口语化表达或文化内涵的英语——一种不针对特定人群的合成英语。这样的文本，任何人都可以翻译。

对于只知道用翻译来转换语言的人来说，这是他们的自然反应。因为他们认为这样可以方便他们对整个过程做好质量把控。但如果你想让你的宣传与人建立联系，要求文案写作去除所有的文化差异并不是一个好方法。这就是所谓的"为翻译写作"，是一个典型的本末倒置的例子。

改编的艺术

幸运的是，还有另一种方法可以把你的信息转换成其他语言，那就是改编。改编是将概念和想法（不仅是文字和语法）从一种文化中移植到另一种文化中。与其为了保证翻译无误而去创作没有魅力的宣传文案，你不如聘请有能力的人，把优秀的宣传文案改编得适应当地文化。

你在专业文案上投资是因为它能激发情感、激励读者。而这两种品质在翻译过程中可能会消失。为了保护你的投资价值并使你的原始概念始终有效，宣传文案必须能在另一种文化中引起共鸣并起到激励作用。这就是改编人员存在的原因。

我最喜欢的其中一个改编案例，是我在斯德哥尔摩的灵狮（Lowe）集团［现在的睿狮（MullenLowe）集团］担任创意总监时为 SAAB 汽车拍摄的广告。我的同事克里斯蒂娜·比约纳负责改编工作。在加入企业之前，比约纳曾在斯德哥尔摩大学（Stockholm University）教授英国文学。这不是一个典型的广告高管的职业道路，但这样的经历却为她的工作提供了独特的背景。她教授文学，深知写作技巧的主题之美、戏剧性力量和含蓄微妙之处。更重要的是，她了解作家和产生伟大作品所需的创作过程。这一点，再加上她积极向上的管理风格，使她总能将自己的工作做到最好。同时她也是管理改编工作的高手。

这次 SAAB 的宣传计划是在全球范围内对所有广告和宣传材料使用相同的视觉效果，并根据每个市场调整文案的标题和正文。这次他们要在全球推出 SAAB9-3 敞篷车，其中一个创意团队想出了一个广告，其内容从本质上说，就是建议人们将汽车作为氧吧的解药。当时氧吧在美国很流行。在氧吧，你得到的不是鸡尾酒，而是一罐供你吸入的纯氧。广告标题是"SAAB 与氧吧"，广告中的文案表达了这样的观点：如果你觉得需要更多氧气，那你应该开这辆车，而不是从罐头里吸氧。

这则广告很适合宣传活动，但最初被搁置一边，因为有人发现，这则广告翻译之后，无法用于美国以外的市场。他们说对了。但比约纳认为这并不难做到，因为我们不是在翻译广告，我们是在改编它。文案改编的挑战在于，要把源语言的想法转化为用目标语言表达，需要做到：

● 在语言学上说得通。

- 在概念上的要点清晰。
- 在文化上产生共鸣。
- 对读者有同样的影响。
- 强化品牌的个性和价值。

有时创作者可以通过运用极其接近原文的措辞来做到这一点。但其他时候，比如在上面这个案例中，他们做不到，但也有解决办法。例如，比约纳在瑞典求助了一位名叫比约恩·哈贾马尔（Björn Hjalmar）的经验丰富的作家。他是SAAB在瑞典的广告文案创作者，对这个品牌了如指掌。他理解了美国广告的意思，并将其从"SAAB与氧吧"改编为"SAAB与幽闭恐惧症（klaustrofobi）"。你不需要精通瑞典语就能看出，他的标题将汽车定位为幽闭恐惧症的解药。哈贾马尔把重心放在美国广告所传达的理念上，而抛弃了文字的外壳。不管你用什么字典，你都不可能把"氧吧"翻译成"klaustrofobi"。哈贾马尔的版本使用了完全不同的单词，却为读者创造了完全相同的效果。这就是改编，它能让你的宣传文案在你要进入的每个市场都有足够的说服力。

本地化

虽然我在欧洲工作过很长时间，但从来没有一个欧洲人请我帮助他们在欧洲推广品牌，他们总是会指定某个国家。但我们收到的来自欧洲以外的订单却很少会具体到国家。非欧洲人会请我们帮忙"在欧洲市场创建一个品牌"。我不是在卖弄学问，但实际上，根本就没有所谓的"欧洲"市场。虽然欧盟的形成使得欧洲一些经济和法律标准化，但它并没有改变欧洲地区潜在的多样性以及构成该地区的众多市场。从大西洋的另一边来看，欧洲市场之间的差异可能很容易被忽略，但从欧洲的角度来看，这些差异可能十分深刻。亚洲、非洲、中东、南美、斯堪的纳维亚等地区也是如此。

为一个国家的目标群体所设计的战略和材料可能无法轻易适用于另一个国家的同类群体。同样，为一个市场制定的战略和准备的材料也不可能适用于这个市场所在的整个地区，比如欧洲。战略和材料必须针对不同国家进行调整，在某些情况下，还必须针对同一个国家的不同地区进行调整。

这对于依赖互联网进行销售或推广的企业来说至关重要。你是应该创建一个全球性的 Facebook（脸书）页面，由你办公室的人管理，还是应该由当地市场的人管理当地的 Facebook 页面？你的品牌是否应该有一个全球性网站（也可能是有一个不同语言版本的选项），还是应该开发具有特定市场内容的本地化网站？这些问题没有单一的答案，但需要你仔细考虑，因为它会对你的买方产生影响。有些产品类别在国家甚至次国家层面上比其他类别更容易受到市场差异的影响。我记得早在

2009 年，旧金山有一家烘焙店，他们会在推特上让附近的人知道他们的饼干何时出炉，这样当地人就可以跑过去，趁饼干还热的时候把它们买回来。

企业在首次建立全球性网站时，人们下意识的反应是要让它反映出他们的销售区域。因此，他们通常会为国内市场建立一个全国性网站，然后用区域性网站来处理世界其他地区的业务。以这种方式创建网络资产是不可取的。最好是弄清楚哪些是你的优先级国家，然后创建网站以迎合这些国家市场的方式，创建的方式要与目标相关，并且能够自我认同。这意味着要努力建立一个对你的目标市场有意义的网站，就要让这个市场感受到他们对你的重要性。比如，如果一个巴西品牌有一个稳健的国内网站，但它面向世界其他地区的网站却翻译得很差，而且没什么内容和设计感，那么可以理解的是，来自法国的网站访问者可能会产生这样的印象，即该品牌主要满足其国内市场，而服务法国客户并不是其优先事项。

以这种方式建立的网站，其常见类型是面向欧洲、中东和非洲的网站，你知道这些市场的买方之间有多少共同之处吗？详见表 5-1。

表 5-1　不同层次的本地化

目标层次	举例	可接受性
全球	每一个人	可接受

续表

目标层次	举例	可接受性
区域	欧中非地区的人	避免
次区域	北欧人	避免
国家	德国人	首选
省	柏林人	首选
市	柏林人	首选
区	亚历山大地区	首选
个人	利辛·穆勒	完美

网络作为客户了解品牌的向导，其架构应该努力确保你放在优先地位的市场能感觉到他们是被优先考虑的，能感受到内容与他们相关。对于一些企业来说，可能全球性网站就足够，但对另一些企业来说，网站可能需要更多的本地化。如果你目前无法负担你的品牌所需要的本地化水平，那么就制定优先级，为你的品牌设计概念上的本地化计划，并随着时间的推移逐步实现它。

在建立了网站架构后，你就需要考虑你发布的内容的本地化程度。一个在孟买很有吸引力的故事，在莫斯科或马尼拉可能就没那么有效果了。还有一个问题是，你能在多大程度上反映当地文化，以及你能在多大程度上熟练使用当地语言。所有这些考虑都有一个不可忽视的成本因素。

全球有 13 亿英语使用者，本国市场使用母语，然后在其他市场使用英语，这个方案可能很有诱惑力。这一般被认为是一种削减成本的措施，尤其是在荷兰、芬兰或丹麦等这样广泛使用英语作为第二语言的国家。这种方法可能有效，但不是最佳选择。如果你无法负担为品牌进行本地化传播的成本，那么就考虑不要本地化。如果不能让人看到你传播的信息，那么你在战略、信息开发和内容制作上的所有投资都是徒劳的。

为了帮助你在这方面开展具体业务，本地化专家纳塔莉·凯莉（Nataly Kelly）汇编了一些可能会对你有用的信息。在她的"走向全球"（Born to Be Global）博客中，引用了一些研究，这些研究将当地语言内容与当地收入联系起来。例如，72% 的消费者将大部分或全部时间花在浏览母语网站上，90%的欧盟网络用户明显偏好使用母语的网站。作为一个生活在 3种语言家庭的人，我可以理解。凯莉在这一点上做了更进一步的说明。她还指出，72% 的消费者表示，他们更有可能在母语网站上购物，而 42% 的消费者表示，他们根本不会在非母语网站上购物。更令人信服的是，在一项欧盟调查中，有13 752 名受访者，其中超过一半（56%）的人表示愿意为那些用母语提供信息的企业支付更高的价格。

总结

文字很重要。因为语言传递的不仅是事实。在营销推广中，语言可以用来引出特定的情绪反应。正是营销传播中的这种情感成分，与事实相结合，激发了客户的购买决心。事实上，创意的质量（运用和激发情感的灵活度）与品牌的销量之间成正比。宣传文案的创作似乎比美观更重要。巧妙地使用语言也许是推动销售最重要的因素之一。但优秀的创意是微妙而脆弱的，很容易在翻译中被毁掉。大多数人认为翻译是指将源语言中的单词与目标语言中对应的单词进行匹配。他们忽略了这项工作更重要的内涵，是寻找相似的联系，来引起读者相同的情绪反应。这需要一个与翻译不同的工作过程，叫作改编。

如今对于任何品牌来说，有一项很重要的决策，就是你要将网站本地化到什么程度。首要原则是让内容和语言尽可能本地化，以适应排在优先级的市场。研究已经证实，如果做到这一点，当地人会更有可能购买产品，也愿意支付更多的钱。

SALE

第六章
翻译的替代方案

如何顺利克服语言障碍

在翻译营销文案时，有很多出错的案例。我在序中提到了几个，但我最感兴趣的还是西蒙·安霍尔特（Simon Anholt）的《又一个人吃到了草》（*Another One Bites the Grass*）一书中的一个故事。

一家英国的航空企业的营销总监要求其在伦敦的广告企业制作一则在沙特阿拉伯播放的广告。这则广告是为了宣传利雅得到伦敦之间的航班。为了避免从英语翻译成阿拉伯语可能会产生的问题，营销总监告诉他的广告企业要把广告做得非常简单，这样翻译起来就容易了。广告的标题是"今秋飞往伦敦，比正常往返票价便宜 20%"。这则广告经过翻译后在沙特阿拉伯播出了。广告大获成功，中东地区的营销经理非常高兴，他感谢营销总监制作了这条滑稽而有创意的广告。营销总监很困惑，因为这则广告根本不搞笑。他立刻找人把阿拉伯语的广告翻译回英语。广告的内容是：今秋飞往伦敦，比正常往返票价便宜 20%。你到了伦敦，记得去埃奇韦尔（Edgware）路526 号，艾哈迈德（Ahmed）开的著名的"烤肉绿洲"（Kebab Oasis）餐厅吃饭，在那里你会得到王子般的待遇。

原来，艾哈迈德是翻译人员的姐夫，在埃奇韦尔路有 2 家"烤肉绿洲"餐厅。

1991 年，我在西蒙·安霍尔特的办公桌前，上了我的第一节关于改编艺术的课。我和同事比约纳来到世界作家（World Writers）在伦敦的办公地，想看看安霍尔特和他的团队能否把我们为斯堪的纳维亚航空公司做的广告翻译成十几种语言。在讲述了上面的故事后，安霍尔特问我们需要做什么。我还没说出"翻译"这个词，他就从桌子后面跳了起来，显然很不安。他以一种极其强烈的情绪，加上他滔滔不绝的口才，教给了我改编和翻译的区别，以及对这些区别的了解程度如何能使全球营销活动成功或失败。作为一名广告文案创作者，西蒙了解优秀的文案在市场营销中的作用以及创作这种文案所需的条件。他说话时充满了近乎疯狂般的热情，在我们的会面结束时，他已经在对唱诗班讲道了。在接下来的几年里，我每天都采纳他的建议，很少使用翻译。

正确的名称配正确的工作

电视屏幕只有 3 种原色——红、绿、蓝，但它以不同的方式将这 3 种颜色组合在一起，形成了你在屏幕上看到的各种色调。每当我想用合适的词来描述将一个概念从一种语言转移到另一种语言这项工作时，就会想起这种色彩现象。我将在本章中介绍 3 种能够实现这项工作的方法：翻译、改编和创作。就像你的电视屏幕一样，这 3 种方法可以以不同的方式组合在一起，产生一系列术语，如创译、创编、本地化、文化嫁接，还有逐字翻译、直译、忠实翻译、语义翻译、意译、地道翻译、译述、交际翻译和营销翻译。这些术语使用过程中，似乎因意义不同而有所区分，但这种差异过于细微，细微到普通人无法辨别。总的来说，我很感激这些更精练的词汇，它们使得表述更加清晰，能更大程度地消除歧义。但由于从业者本身似乎对这些词应该如何使用存在分歧，所以为了方便理解，我在文中就只使用 3 个基本名称。

合适的资源匹配合适的工作

用外语创作营销文案所需的服务可以分为 3 种功能类别：

翻译、改编和创作。翻译侧重于将源文本中的词语转换为目标语言；改编侧重于将源文本中的概念转换为目标语言和文化；创作侧重于解释创意的主要内容，在无须使用源文本的情况下为当地市场创作文案。你到底需要哪一种呢？

一旦确定了自己的需求，你就可以决定你要使用哪些资源，并利用一系列的服务资源来实现从一种语言到另一种语言的营销沟通，例如，谷歌翻译、专业翻译企业、当地广告企业，自由撰稿人，还有能说双语的朋友和同事。我在表6-1中列出了我最常使用的7个选项，并根据我认为它们所提供的最大价值，将它们按3种功能进行了分类。

每个选项的价格、核心技能、时间要求等都有所不同，所有这些都将影响你对资源的选择。若你试图将文本从1种语言转换成另一种语言，那么你首先要确定，你需要完成的工作是这3种中的哪1种，然后将正确的技能与正确的工作相匹配。一定要根据具体情况来做选择。一般根据经验，对于宣传文案，我会避免使用翻译服务，在某些情况下，会使用翻译作为改编前的第一步或改编后进行回译。

我个人倾向于在创意活动中不使用翻译服务，这并不意味着轻视翻译人员的能力或贡献。一家企业对跨文化语言的大部分需求都可以通过翻译资源得到很好的满足。但我的观点是，大多数人所知道的"翻译"和"改编"是有区别的。更重要的是，营销人员要能够做出这种区分，并将资源与手头的沟通工作的要求正确配对。

表6-1　将文本从一种语言翻译成另一种语言的选项

类型	翻译			改编		创作	
	翻译软件	译者（非专业）	译者（专业）	改编撰稿人（创译者）	广告撰稿人（当地自由职业者）	广告撰稿人（当地代理机构）	广告撰稿人（跨国企业代理机构）
成本							
使用	境内	境内	境内和境外	境外	境外	境外	境外

　　那么，如果没有翻译，你能指望谁来为你改编宣传文案呢？很多运用翻译失败的营销人员，都转向了广告撰稿人。这是一个很自然的选择，因为广告撰稿人有出色的写作和宣传技巧。他们知道如何与品牌、简报和概念合作。在广告代理企业，他们被称为"创意人员"。这就是问题所在。

　　广告撰稿人以创造概念、格调和风格为生，而不是去改编别人的概念、格调和风格。他们大多数时候只用一种语言写作。若你给他们一份文案去改编，他们会自然而然地从头到脚地重新创作所有内容。一般情况下，你几乎认不出你拿回来的东西。有一次，我从一位意大利广告撰稿人那里收到了一份文案，与他被要求改编的广告完全不同。"我给你的广告有那么多问题吗？"我问。"没有。"广告撰稿人回答，"但你得承认，这样要好很多。"也许吧，但到了广告开发的这个阶段，重新设计营销战略是不可能的。如果广告撰稿人给出的创意真的不错，那么我会建议广告撰稿人和他们的艺术总监下次参与概念开发，而不是参与改编。要掌控这类广告撰稿人的工作可能既费时又费钱，是个不小的挑战。此外，如果他们不是经常用多种语言工作，那么你永远不会真正知道他们对源语言的理解有多深，他们有多善于将其翻译为自己的语言。

当然，这些特征并不适用于所有的广告撰稿人。前一章讨论过的"SAAB 与氧吧"改编案例中的广告撰稿人哈贾马尔就是这个规则的例外。他是一位非常熟练的瑞典广告撰稿人，很懂改编，也很擅长改编。我们在同一个办公室，这一点对我们的工作也很有帮助。同样地，那些能流利地使用多种语言，并在日常工作中使用多种语言的广告撰稿人，通常也非常擅长改编工作。比如，我发现比利时的广告撰稿人在改编方面表现出色，因为他们许多人习惯用荷兰语、法语和德语这 3 种语言创作宣传文案。尽管存在这样的例外情况，但我仍然认为，根据经验，一般的广告撰稿人可能不是改编营销材料的理想选择。排除了翻译和撰稿人之后，剩下的就是文案改编专家了。

改编：两全其美

一个好的译者应该精通源语言，并以目标语言为母语。他们在多语工作方面经验丰富，并能从成功转换两种语言的工作中获得满足。一个优秀的广告撰稿人懂得利用细微差别和情感来实现品牌的目标。若他们创作的原创文本可以刺激营销场增长，他们便能从中获得满足感。全球品牌需要一个具备翻译和文案撰稿双重技能的人，一个能将其撰稿技能应用到多语言营销的独特需求中的人。这个人必须满足这样一点：他主要的工作满足感不是来自创作，而是来自创造性地将概念从一种语言转换到另一种语言。这才是一个专业的改编者。

这种专家有足够的翻译技能，能确保文本语言清晰、语法正确。他们也有足够的写作和广告技巧，能确保文案仍能发挥其主要的营销功能。最重要的是，他们擅长改编。他们已经掌握了这个行业的诀窍。他们知道可以在多大程度上改编原来的文案而不超出主要内容的范围。

好的改编者要比翻译或文案难找得多。他们的价格各不相同，但做改编的企业收取的费用一般会和广告撰稿代理企业相当或略低。因为这个行业的术语可能会有点模糊，你必须做一点调查，才能确保正在为你服务的确实是一家改编企业，而不是一个定价过高的翻译企业。我曾在全球范围内与 4 家改编机构合作过，我比较信任他们在改编宣传材料方面的水平。即使在这 4 家企业中，我也发现有些企业在某些题材、文案风格或适应目标受众方面比其他企业更有技巧。在为大型营销活动设计改编流程时，我通常会选择一家改编机构，但在需要时，我可能会用我团队自己在全球的改编资源网络来做补充。

文案改编并不便宜。改编一个广告的成本几乎和广告原创的成本一样高，所以很多客户对为外国市场专业改编的价格感到震惊也就不足为奇了。他们觉得很贵，是因为他们把它和翻译的价格做了比较。但从另一面想想，在你需要改编服务的时候，你已经在调研、营销战略、客户规划和概念开发方面投入了大量资金。除此之外，你还在专业的文案撰写上花了不少资金，因为宣传文案能够与目标受众产生联系，改变他们的看法，并刺激他们付诸行动。如果你选择将其改编成外语的人不如编写原文本的人那样精通写作，那么你在文案上的这笔投资可能就浪费了。你在收到改编文案的报价时，真正要问的问题是：对你来说，要确保你投资的宣传活动能够增加销量、维持你的高价诚信并建立品牌资产，所要付出的努力值多少钱？我们可以相当肯定地说，传统的翻译很可能无法实现上述任何一个目标。在这种情况下，大多数文案改编者收取的费用似乎很便宜。

翻译人员经常告诉我，他们不仅能做翻译，还可以改编文本。我相信很多人都能做到，但水平很难评估。如果处理文本的人接受过改编营销材料的正式培训，或者至少在一家像样的广告企业做过文案，我总是会觉得很安心。这意味着他们在转换核心创意、理解品牌和目标市场的细微差别、唤起目标市场的情感反应、激励受众响应号召等方面的能力相当高。这样的背景使他们更容易理解，也更容易改编另一个撰稿人的文本。而翻译人员如果不具备这些技能，就无法做出判断，而在改编工作中这样的判断有很多。根据我的经验，译者是语言专家，他们了解两种语言在语气、态度和文化上的细微差别，但在以营销为核心目标时，他们无法像训练有素的改编者那样熟练地运用这些技巧。如果一名译者能做到这一点，那么我建议他们可以将自己重新定位为一名专门从事改编工作的文字工作者，从而提高自己的时薪。

一家全球企业委托我的团队为他们的全球营销活动做一项研究。他们想让我们比较在跨国代理机构聘请翻译、改编和请当地双语撰稿人的成本效益。我们利用这3种方式制作、发送了几则广告，并对广告的质量、成本和时间进行了跟踪。与翻译费用相比，改编的前期成本相对较高，与请当地双语撰稿人的成本大致相当。但如果考虑到最终质量、文案成型的时间以及分配和管理资源的时间，改编所带来的整体价值要高得多。

使用传统翻译企业来撰写广告文案经常会出现的问题是：过于忠实于原文文字，往往以牺牲品牌概念、细微差异和特色为代价。不擅长改编的当地双语撰稿人通常知道如何利用语言间的细微差别和特色，但往往会在试图重塑创意而不是改编创意时偏离了轨道。而专业改编者则能够提供两全其美的服务，我们可以通过一项服务确保改编文本的质量，从而节省时间，避免麻烦。

改编清单

下面我给出了十大问题，有助于提升改编文案的效果。

改编者是否在目标市场生活

一个好的改编者不仅要完全掌握目标语言，还要完全掌握目标文化。要成为一个能令人信服的改编者，这两者是必需品。如果你到目标文化中寻找这两方面都出色的人，成功的可能性要大得多。改编者离你的目标市场越近越好。其中一个原因是，语言和文化都在以微妙的方式不断变化，如果你不是浸泡其中，往往很难察觉。

目标语言是否是改编者的母语

人们一般只会以一种目标语言作为翻译方向。也就是，从他们的第二或第三语言翻译成他们的母语，而不是反过来翻译。他们可能精通两种或两种以上的源语言，但往往只会用一种目标语言进行创作。

改编者是否有改编能力

精通另一种语言并不是翻译或改编文本的充分条件。我合作过的最好的一位口译员就住在北京。她流利的中文和对英语的理解是毋庸置疑的。第一次与她合作后，我印象深刻，我问她是否可以帮助我做一些书面翻译。她笑着说："我是口译员，不是翻译。"仿佛我应该知道这一点。我确实应该知道的。这2份工作需要不同的技能，而且都不是自然而然就能流利掌握的。所以要确保你的撰稿人有你需要的特定类型的工作经验。

改编者会与合作伙伴一起工作吗

在选择改编者时，一定要询问他们改编文本的流程。我发现，能提供最佳效果的改编者总是团队工作。也就是说，改编者从原文本开始工作，并将其改编为目标语言。而第二个编写人员甚至不需要运用双语。他们从来没有看到原文本，只需要改编，并被要求纯粹作为一个精通目标语言和文化的当地作家来评判它。这样一来，第二个编写人员就会像目标读者一样，从语言层面解读原作。即使是最优秀的改编者也会陷入这样的误区：由于过于忠实于原文，而牺牲了母语的韵律和通俗感。而第二位编写人员则扮演着编辑的角色，将这些瑕疵剔除。

你是否考虑过文本字数的膨胀（收缩）

文本的长度对印刷安排或电视投放有很大的影响，而文本投放的位置和时间又十分重要。有些语言要用比其他语言更多或更长的单词才能表达相同的意思。比如，英语转为法语会增加 25% 的字符数，英语转为德语可以增加 35% 的字符数。相反，汉语、韩语或日语往往会在英语的基础上字数收缩。而且仅根据语言也很难预测文本伸缩的确切比例，因为文本长度的差异也受到文本类型的影响。比如，与法律或技术文本相比，文学作品或宣传文案等概念性很强的文本通常在任何语言中都更容易扩展。原文本的写作风格也会影响改编作品的长度。虽然没有简单的公式用于计算目标文本长度，但改编文本的人应该能够通过审查原文，在一开始就给你一个目标文本的预估字符数。

改编人员是否拿到了内容充足的创意简报

一定要向改编者提供内容充实的简报，内容应该包含原始创意简报的大部分信息，以及改编者可能需要的任何额外信息，比如字数限制以确保文本符合设计要求。至关重要的一点是，改编者要理解文字出现的语境。所以一定要让他们知道所有的版面设计，以及营销活动将在哪里进行。

你可以直接接触到改编者吗

直接接触改编者会让改编服务机构不乐意，但我认为你需要在改编过程中直接接触正在为你的项目工作的改编者。这样，当工作出现问题时，你可以直接让原文作者与改编者交流，以快速、有效地解决问题。你也可以让双方通过项目负责人、客户经理和其他中间人提出并解决问题。

你是否开发了自己的资源网络

你可能已经找到了一个很好的改编服务机构，但你也需要构建一个强大而多元化的人际网，以帮助你与国外市场进行沟通，其中就包括翻译、改编人员、当地撰稿人。你还需要一个由当地市场非营销人员组成的人脉网络。在对文本进行评估时，你可以向他们寻求客观的补充性意见。这样你就可以事先了解每项资源的优势、劣势和定价规则。

你会说目标语言吗

如果是的话，你可能会成为你自己最大的敌人。会说第二语言的客户通常喜欢把自己置于这个过程之中。我理解他们有这样做的冲动。毕竟，若你掌握了某种第二或第三语言，偶尔把它们拿出来用一用是很不错的。但问题是，即使你相信自己说得很流利，鉴于本章所述的原因，你可能也没有资格参与改编创作。在评估改编者的工作时，你还可能会过于自信。但你既然在当地市场聘请改编者，就要听从他们的判断。我曾经用我高中生水平的西班牙语对巴塞罗那一位非常熟练的改编者所做的改编文案提供反馈。但我的努力浪费了所有人的时间，给项目带来的更多是"娱乐价值"而不是真正有洞察力的见解。

你安排回译了吗

本章开头的案例应该有足够的理由说服你安排回译。如果你并不十分精通 2 种文化和语言，就很难知道改编后的文本说了什么，以及它是否有什么优点。在你拿回改编的文本时，你可能要考虑请专业翻译人员做一次"回译"，就是用一种简单的直译法来翻译成你的母语。这有助于确保文案切题，要点明确，但它无法告知你信息的真实性。要注意，一些改编作品就是许多跨文化宣传活动无声的杀手，它们在回译文本中看起来不错，但对对方语言的使用者来说听起来毫无生气，很容易被遗忘或让当地人感觉很陌生。我经常会向一位值得信赖的当地熟人征求第二意见。而在与改编者刚开始建立合作关系时，我通常会对所有文本都进行回译并征求第二意见。如果随着时间的推移，我对改编者更有信心了，就会开始使用翻译软件进行快速检查。

总结

语言是你在国外市场拥有的最有力的营销工具之一，务必要字斟句酌。在营销传播中，翻译、改编和创作是 3 项独立的工作，需要 3 种不同的技能。前文表 6-1 列出的 7 种选项中，没有哪一种能适配所有工作。所以，为了确保以合适的价格获得最好的结果，你在一开始就要明确需要做什么工作，然后将该工作与合适的资源配对，这一点非常重要。要知道做成每项工作所需的专业知识是不同的，因此你要抵制在不同资源类别之间比较价格的诱惑。例如，比较改编和翻译的价格实际上是在比较苹果和橘子，可能会导致你做出糟糕的决定。如果你正在创作包含情感需求的营销沟通（例如任何品牌推广），可以考虑使用专业改编者进行文案改编，或者与当地撰稿人合作，从零开始创作。

你的品牌的外语技能将在你努力增加销售、保持溢价诚信和建立品牌资产方面发挥重要作用。

SALE

第七章
准备出发

一路顺风

就像塔吉特百货一样，有时在国外市场取得成功的最大威胁是你自己所在的企业，而不是你的竞争对手。在我创立达菲代理公司几年后，一家成功的医疗器械企业的首席执行官找到我们，希望我们帮助他在全球范围内拓展业务。我们建立了一个全球一致的品牌标志和营销战略。

该企业有一个医疗部门，向医院和医疗诊所销售一系列产品。该企业的产品受到医学界的好评，被视为同类产品的"黄金标准"。它还有一个刚刚起步的消费者部门，通过遍布欧洲的独立分销商网络销售一些作为健身辅助工具的肌肉塑形产品。

作为构思工作的一部分，我们对其几个国家的门店进行了检查，最后一个国家是法国。在参观了巴黎的最后一家门店后，首席执行官和我约定在玛德琳广场见面，我们边喝咖啡边回顾了一下。我给了他我的评价。医疗部门很有前途。企业的产品有明显的优势，可以利用这些优势来对抗竞争对手，既可以增加他在现有市场的份额，又能扩大整个市场。消费者部门也有潜力。由于这家企业是唯一一家有医疗背景的消费者企业，也是唯一一家有研究结果做支撑的企业，我们可以利用这种可信度来支持溢价。

只是我们需要先做一件事。在欧洲各地进行了十多家门店的检查后，我们发现其消费者部门虽是以一个品牌名称运作的，但有几个截然不同的品牌标志和营销战略。在某些市场，他的产品是最贵的，被定位为高端产品进行销售。在另一些市场，他的产品却是最便宜的，作为廉价产品在深夜栏目投放广告。他的每个市场都有不同的价值主张或品牌价值，就连图表也因市场而异。没有一个市场与官方网站上描述的品牌相似，很多当地经销商都建立了自己的网页。简直是一团糟。更糟糕的是，消费者部门的广告对医疗部门的客户来说是清晰可见的。

补救办法很简单。我们将为消费者部门创建一个共同的品牌标志和营销战略，针对每个国家调整营销组合，然后根据一个共同的模板，用本地化的年度营销计划来协调欧洲的营销活动。在我阐述这个办法时，这位首席执行官看起来很痛苦。"你认为这个办法不好吗？"我问。"我喜欢这个想法，"他说，"但经销商将是个问题。"

首席执行官在每个国家都有不同的经销商，合同规定每个经销商对其所在地区的销售和营销拥有完全自主权。这也包括以他们认为合适的方式对待品牌的权力。而经销商们都认为应该以不同的方式对待品牌。他们对发展品牌资产没有兴趣，他们完全专注于短期销售，并且每个人对如何最好地实现这一目标都有不同的想法。

还记得在前文讨论的多国本地化营销战略吗？这样做可以打造全球品牌，但必须对当地团队的自主权和影响力进行有条件的限制，以确保他们仍有服从性。这位首席执行官两者都没有。分销商统治着他们的领地。这与其说是一种多国本地化的营销方式，不如说是一种封建割据的方式。与分销商的协议就排除了企业创建全球品牌甚至在国家层面建立品牌资产的可能性。这就是为什么运营决策不仅会阻碍营销，而且在这种情况下，会完全阻止营销活动的发生。

当使用当地经销商或中间商开展销售时，你要确保协议不会以任何方式妨碍你在这些市场或其他地方控制自己的品牌及建立品牌资产。对我来说，开始时没有检查分销商协议，这是一个菜鸟级别的错误。这是你在计划国际扩张时应该确定的其中一项。其余部分我将在下面的清单中列出，也是第一部分中所涵盖要点的简要总结。

计划清单

　　清单旨在强调第一部分中提出的要点，并确保你在准备到海外营销时没有遗漏任何明显的问题。如果你对下面的每个问题都有了自己确信的答案，那么你就会知道你已经准备好出发了。对于每个话题，我都建议你应该针对每个本地市场或全球市场进行回答。在这个清单后面的方框中，我还给出了一个简单的模型，来帮助你调整你的营销组合以适应国外市场。它明确了形成营销组合的 8 个要素以及它们如何与前文图 3-1 中定义的工作流程相关联。

你将在国外市场使用什么管理方法

　　本地化战略需要你决定在哪个市场做出特定类型的营销决策，以塑造营销组合，以适应当地的业务需求或适应当地的买方、竞争对手和市场条件。在国外市场，你将为当地员工或合作伙伴提供多少自主权？如果你采用跨国战略，你还必须考虑做出什么样的决策、针对什么样的产品以及什么样的市场。

　　集中战略为总部的人提供了更大的运营控制权，但也有与国外市场脱节的风险。分散的控制可以让一个品牌与当地市场保持同步，但也有与整个企业的大目标相悖的风险。在任何给定市场中，任何给定功能的最佳点是其中一方、另一方，还是介于两者之间？

如何管理国外市场的营销组合

改变营销组合是指产品、价格、渠道和（或）促销的变化。我在下面的方框中给出了一个模型，以确定形成营销组合的 8 个要素。同样，在这种情况下，真正的跨国企业不会做出一刀切的决定，而是会考虑营销组合的各个方面及其相关功能。例如，将产品开发的某些方面集中起来可能会有意义，但其他方面则不然。至于促销，在某些市场，集中购买媒体活动可能会有意义，但完全自主的活动开发，或者，在在线活动的情况下，也许采用全球在线活动概念更有意义。某些企业可能允许调整营销组合的某些方面，但不允许调整其他方面。哪一方面对你所在的企业有意义呢？

产品如何适应国外市场

产品的变化可以针对核心功能、增值功能或增值关联来进行。这种变化可以在产品推出之前完成，也可以作为正在进行的研发活动的一部分进行，以便随着时间的推移进一步完善产品，以适应当地市场。而研发将如何适应新市场的加入？

成本如何适应国外市场

不同市场的货币价格通常会有所不同，但用于得出价格的定价模型通常是一致的。你会考虑调整摩擦成本和关联成本吗？例如，美国联合航空公司（United Airlines，简称美联航）在 2010 年将英语在线预订服务替换为普通话版本后，其机票价格不变，但降低了与中国客户的摩擦因素。对中国客户来说，尽管票价没有变化，但这一举动降低了乘坐美联航的总成本。几个月后，美联航在中国的在线销售额增长了 300%。

当地如何适应国外市场

"当地"指的是产品分销和销售的方式和地点。这一点经常被忽视，但我们可以通过创造性的调整来增加价值和差异化，以适应当地市场。例如，2018 年，日本时尚品牌优衣库因在旧金山机场的自动贩卖机销售羽绒背心而受到广泛关注。据说，这台自动贩卖机每月的销售额达到了 1 万美元。

宣传活动如何适应国外市场

宣传是营销组合的一部分，通常不仅要适应当地语言，还要在概念上进行调整，以适应当地文化和市场条件，从而在可能的情况下寻求效率提升。例如，如果考虑一体化，那么在线媒体购买、网站开发和制作是不错的方向，而在概念开发和传统媒体规划上，你可能会希望保持本地化。

品牌标志如何适应国外市场

使品牌标志本地化是指在某些市场选择性地改变核心品牌标志，而在其他市场则不做改变。对品牌标志进行本地化的改变会有让买方感到困惑和侵蚀品牌资产的风险。然而，在某些情况下，这可能是不可避免的。比如，商标冲突导致美国燃料公司美孚石油（Standard Oil）在美国几个州被禁止使用"埃索（Esso）"这一品牌名称。为了打造一个全国性的品牌，它在 1973 年将其在美国的品牌名称改为了"埃克森（Exxon）"，但在美国以外的市场继续使用 Esso 这个名称。

瑞士人道主义组织——红十字会与红新月会国际联合会曾在这方面历经坎坷。该组织成立于 1863 年，当时是日内瓦的红十字会国际委员会（International Committee of the Red Cross），其标志是瑞士国旗颜色的反转。随着该组织在全球的发展，它受到了奥斯曼帝国的反对，因为它的标志与中世纪十字军东征的历史内涵有关。因此，在 1906 年，一个名为红新月的组织推出，其标志是奥斯曼帝国国旗的反转，以新月为特色。尽管上级组织强调这些标志不是宗教符号，但公众难免可能会自行产生联想。2005 年，由于允许以色列加入，组织做了妥协，引入了第三个标志。英国广播公司将其定义为"新的非宗教标志"，是白色背景上的一颗红钻。同时有 3 个不同的标志并不是最理想的选择，因为对于组织来说，是否能让人立即识别出标志可能是生死攸关的问题。

在某些情况下企业不得不改变核心品牌标志，但如果可能的话应该尽量避免。在全球范围内管理同一个品牌的变体，比管理一个统一的品牌需要更多的时间和预算。如今，某个市场的利益相关者很可能会了解到该品牌在其他市场的表现。所以你要考虑，在你所服务的任何特定市场中，是否有令人信服的理由使你改变你的品牌标志？

品牌标志就是锚。你要努力让它在每个市场都一样，这样你就可以根据当地市场的情况和你的定位来调整你的营销组合，而不会显得分裂。你只要确保在当地市场的定位能支撑你的品牌标志，而不会与之相矛盾，就可以了。如果对营销组合和定位的调整已经无法与品牌标志相调和，那么也许这个品牌并不适合这个市场。与其削弱品牌以使其适应市场，你不如把这看作是有必要创建第二个品牌的迹象。

你会如何调整你的价值主张，使其全球适用

你可以尝试开发一种通用的价值主张，让你正在进入和预计进入的市场中保持竞争力。这种方法可以使企业更轻松地在多个市场管理品牌。然而，并非所有的价值主张都能传播得很好。如果你的价值主张仅适合你在国内使用，可以考虑更新一下。

企业及其产品以多种方式提供价值。价值主张强调并传达了其价值的一个方面，品牌可以通过这个方面与其他品牌进行区分，并围绕这个方面建立声誉并展开竞争。在第十三章

中，我描述了各品牌竞争的不同方面的价值。所有这些价值的定义都应该根据各个市场的情况进行评估和修改，以适应当地市场情况，而不仅是调整价值主张中强调的价值。

你将如何在国外市场定位你的品牌

鉴于某国独特的市场环境，你希望当地买方如何将你的品牌与其他品牌进行比较？你能做些什么来使他们对品牌有积极的认知？

你选择的品牌定位不需要在所有市场中完全相同。而这往往正是国内品牌经理的症结所在，因为他们接受的是品牌绝对一致的学说。在全国范围内，你的品牌应该是一致的，但品牌从一个市场到了另一个市场，其定位往往需要做一些调整。只要这些调整确实只是调整，且不违背品牌价值，应该就可以了。品牌如果拥有强大的全球品牌标志和价值主张，有助于消除其在品牌定位和其他当地市场特定活动的差异。

你将如何确保你从市场得到定期的输入

在你进入国外市场时，你经常会与当地品牌和其他外国品牌相竞争。当地人的优势在于他们是这个社会结构的一部分。即使你住在那里，也很难像他们那样与市场步调一致。这可能会让你的品牌处于明显的劣势，你也必须为此付出代价。你要如何把握市场发展的脉搏，了解买家的看法和态度、竞争对手的活动以及市场前景？以一种结构化的方式来处理这个问题会更好，因为如果你随意处理这个问题，那么很多东西都会被忽略。比如，每季度一次的客户调查和竞争对手分析会比每季度一次与当地销售经理的谈话更有意义。

你有记录核心营销策略和流程吗

对于情况更加复杂从而引发的混乱，最好的应对方法是建立清晰且在全球范围内易于读取的文档。达菲代理公司开发的一种解决方案是创建一个安全的"指路之星"门户网站。就像它的名字一样，这个网站旨在提供一个固定的参考点，无论那些与该品牌合作的人在地球上的哪个地方，这个点都可以为他们提供指导和引导。这个网站受密码保护，以用户友好、可搜索的格式保存了所有核心营销文件的最新版本，并定期更新。这就确保了关键信息的集中性，并且最新的信息都可以在全球范围内随时访问。无论你如何提供访问权限，将你的首选战略和流程记录在团队可以轻松访问的地方都会有所帮助。这里有一些建议可以帮助你开展这项工作。

全球品牌标志：这包括品牌价值、目标、架构、个性、背景故事、叙事和视觉形象等内容。

全球化文案和图示指南：实践指南，指引那些为品牌创造传播资产的人。

全球数字化战略：它有助于了解全球网站和社交媒体架构、相关网页链接、命名惯例等的总体规划，以及品牌如何使用在线出版、网络、广告、网站优化的计划和针对特定平台的计划。

本地化营销战略：包括本地化目标细分和剖析、类别、价值主张和保价、定位，以及媒体、广告、公关和在线活动的战略方向。

本地网站形象计划：涉及如何在本地市场使用网络形象的细枝末节，包括资产计划和手册。

本地 12 个月营销计划：这是一份详细的，带日历、有预算的全年所有营销活动的细目。

全球营销术语：定义了营销部门使用的所有关键术语、概念和工具。

当地市场标准操作程序：这涉及当地营销计划运行的细节，比如，广告如何适应当地使用？在当地开办营销活动如何得到批准？如何购买网络媒体活动？如何进行目标调查？

本地沟通礼仪：你在异地工作时，会更加依赖科技进行交流和分享。我手机里有不下 18 个不同的通信应用软件，文件分享平台也差不多有这么多。虽然许多用于即时通信、文件传输、视频会议等的应用程序都是全球性的，但它们的受欢迎程度却因市场而异。最好先确定哪些应用和平台将用于何种类型的交流。

你是否记录了进入市场要遵循的步骤

想必这不会是你所在的企业进入的最后一个市场。在一个新的国家启动市场开发可能是一个非常耗费精力且耗时的过程。所以，把可重复的过程记录下来对你所在的企业会很有帮助，你可以用它来更高效地进入全球市场。这样，你或你的前辈就不必为每个新市场重新设计流程了。通过制定流程，你还可以从每次进入新市场的过程中吸取教训，并利用这些信息不断改进流程，从而提高进入市场的效率。

本地化营销组合所需的八大要素

在进入一个新市场时，你传递值的工具就是营销组合：产品、渠道、价格和推广。菲利普·科特勒（Philip Kotler）的经典 4P 模型有很多变体，任何一种在这里都适用。为了简单起见，我将坚持使用原始模型。

如图 7-1 至图 7-6 所示 ①，在八大要素模型中，你可以看到营销组合处于中间位置，八大要素围绕着它。明确并记录下这八大要素将使你的品牌管理变得容易得多。特别是如果你正在处理多个市场，这时，这八大要素应该根据每个市场进行定义。这八大要素之间有很强的相互依赖性，所以不应该孤立地看待它们。

① 图 7-1 至图 7-6 中的虚线部分为每图需要关注的点。——编者注

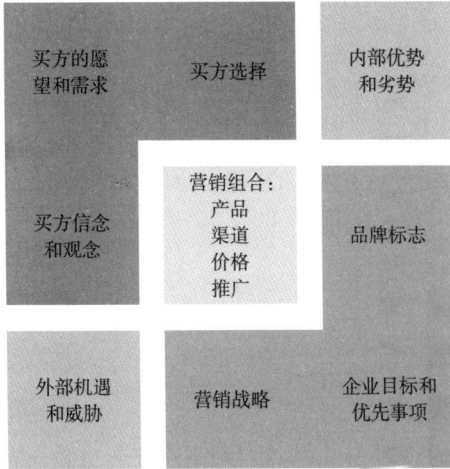

图 7-1 本地化营销组合所需的八大要素

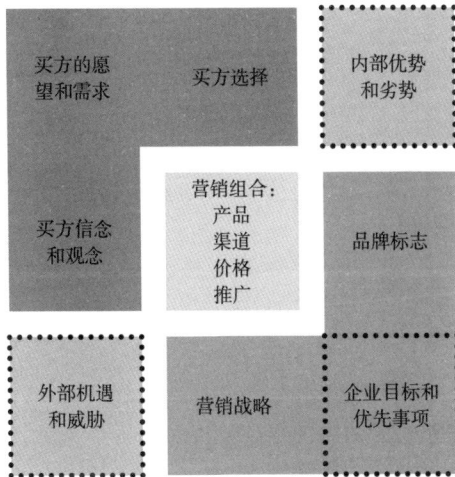

图 7-2 在构建项目框架时，我们要确定的要素

图 7-3　为了验证假设并为我们的战略提供投入，我们要确定的要素

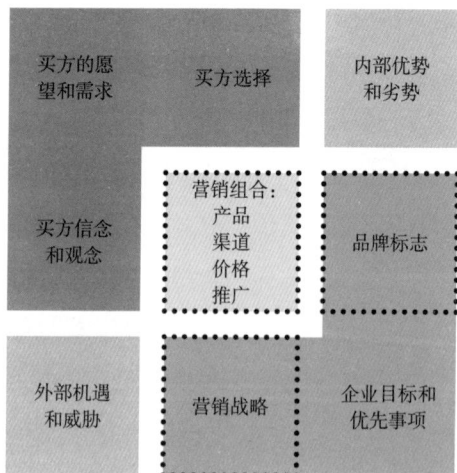

图 7-4　在确定营销组合之前，我们要确定这最后几项

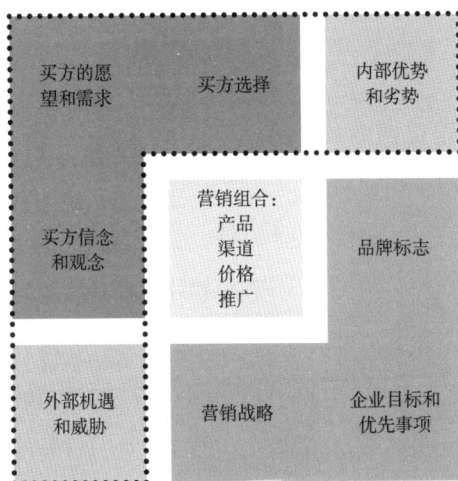

图 7-5　管理：一旦品牌推出，我们掌控好上图中几项

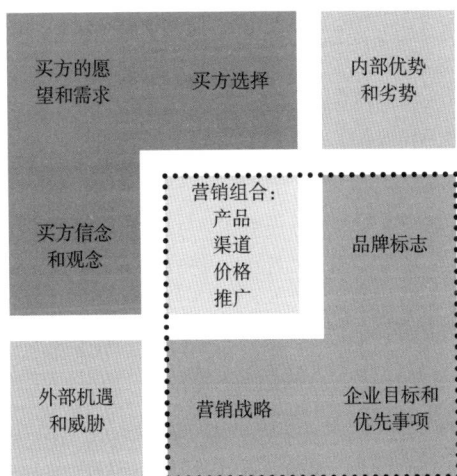

图 7-6　我们要调整上图中几项

总结

　　国际营销比国内营销更复杂，但这并不意味着你应该望而却步。国际象棋比跳棋更复杂，但这并不意味着人们无法掌握或享受它。真正让人难受的是，你被复杂局面蒙蔽了双眼，导致你没有看到它的到来。现在你明白了，应对国外市场营销所带来的复杂性的最好方法就是做好准备。大多数营销人员都没有做好准备。结果，他们发现自己在推出产品的过程中，还要努力厘清上述的许多问题。这足以让他们对海外营销感到失望。要为自己省点麻烦，你就要在发行产品前尽可能多地检查这些问题。

创造并传递价值

Sale!

导言
关于质量的问题

我收到一封邮件，上面写道："达菲先生，我们将不再需要达菲代理公司的服务。"

作为一名优秀的营销顾问，意味着你经常要帮助企业领导层解读市场试图告诉他们的信息。有时候，这些信息并不是企业领导层想要听到的。在这种情况下，领导层要么会采取行动，要么会否定信使。一家北欧光电企业的反应就是后者，该企业的首席执行官一年前聘用了我的团队来解决一个谜题。

这家企业有一个了不起的成功故事，始于一位才华横溢的工程师，我们在这里将称他为汉斯（Hans，化名）。汉斯发明了一项新技术，可以在零件从装配线上滚下来的时候，用激光来测试零件是否有缺陷。汉斯创办了一家企业，将他的发明商业化，这反过来又催生了一个以激光来进行质量保证测试的行业。在最初的几年里，他面临的竞争非常小，企业发展迅速，最终上市。一开始，这家企业似乎一帆风顺。生产商喜欢它，股市喜欢它，员工也喜欢它。

当时，汉斯的企业拥有 80% 以上的市场份额。为了确保企业保持领先地位，汉斯和他的团队努力工作，进一步发展技术。企业每一款新机型的发布都有惊人的创新。测试参数量稳步增加，灵敏度也达到了令人震惊的新水平。这一战略似乎奏效了。市场上的竞争对手中，没有一个能与汉斯的测试仪的技术性能相较量。为了利用好这一优势，销售团队将其产品宣传为测试界的"劳斯莱斯"。

企业内部的权力结构由工程师主导，有一个销售部门提供销售支持，但没有真正的营销职能。值得称道的是，汉斯明智地辞去了首席执行官的职务，并聘请了一位职业经理人，这样他就可以专注于他热爱的领域：研发。新的首席执行官，我们将称她为亚历克丝（Alex，化名）不是工程师，也没有光子学方面的经验，但她是一位卓有成就的首席财务官，也是一名成熟的管理人员。

亚历克丝加入该企业几个月后，她邀请我去她的办公室。她说有一个困扰她的问题，希望我的团队能帮她解答。她说，虽然企业销量增长强劲，但增长速度正在放缓，没有跟上行业需求增长的步伐。部分原因可以归结于其他欧洲竞争对手，但这并非全部的原因。她想弄清楚到底发生了什么。

我不知道她的企业为什么会失去市场份额，也不知道被谁抢走了。但我知道有些人在流失：她的客户。我提出了一个研究设计，让我的团队与不同市场的买方交谈，看看我们能了解到什么。接到这项任务后不久，我就代表瑞典作为贸易代表团的一员前往中国。巧合的是，亚太地区是该企业测试仪的最大销售市场，所以我利用这次机会向中国的组件生产商询问了一些情况。

我在中国只花了几天时间就拼凑出了谜底。在开始生产零部件时，生产商没有足够的经验，不知道哪里会出问题。不过他们确实知道，如果他们的组件有缺陷，那么他们将失去价值数百万的原始设备制造商合同，所以他们需要购买高度复杂且昂贵的测试仪。

然而，多年来，生产商的生产技术有了很大的改进，产品中的缺陷也减少了。现在，生产商觉得他们只需要监测几个参数就够了。生产商认为，我们的客户企业生产的测试仪测试了他们并不关心的参数，其灵敏度超出了他们的需求。此外，由于仪器的复杂性，在新的组件标准出台时，我们的客户企业花了几个月的时间才生产出可供测试的升级版本。在亚历克丝入职之前，这些失望情绪就已经积累了很多年。但生产商的抱怨没有得到重视，也就是顾客感到被忽视了。

中国一位有进取心的工程师注意到了这一点，并看到了机会。他花了很多时间和生产线上的经理们交谈。他开始从生产商的角度去理解他们的问题。然后，他制造了自己的测试仪，能像手套一样满足生产商的测试需求。这种测试仪当然不是测试界的"劳斯莱斯"，它更像是测试界的"大众甲壳虫车"：就是一个实用的、外观普通的金属盒子，灵敏度要低得多，测试的参数也更少。与我们客户企业的测试仪相比，它的成本很低，而且可以在几周内（而不用几个月）进行调整，以适应新的标准。这款新的测试仪不为人知，因为它更基础，不是来自一个公众认可的品牌，也没有大量的广告预算，但它提供了更大的价值，并且越来越受欢迎。

我刚从中国回来，我的团队就完成了调查，并将调查结果汇总成一份报告呈现给领导团队。此时，我们已经与来自亚太地区、北美和欧洲的买方进行了深入的访谈。所有买方都和我们在中国听到的一样，对产品成本和上市时间感到失望。相当多的买方也认为我们客户的测试仪超出了他们日常生产测试的需求。

我们的结论是，我们在中国看到的新型小型测试仪在亚太地区正获势头，占据了一定的市场份额，导致我们的客户看到了自己产品增长率的下降。根据我们从北美和欧洲买方那里了解到的情况，我们有理由认为，那里的生产商最终也会接受小型测试仪的普及趋势。我们的建议是，我们的客户应该认真对待这一威胁，在这一小型竞争对手在市场上获得更多关注之前，开发出自己的微型测试仪。这也需要客户改变其品牌架构、更新品牌标志和营销战略。客观地说，我们计算了一下，如果这一威胁确实如我们所预计的那样成为现实，而他们又不做出回应，那么这家企业可能会在 5 年内被迫退出市场。

这家企业的领导团队知道这个品类的销量正在增长，最终会因价格更低而吸引亚洲市场，所以他们认为我们发现的小型测试仪并不值得注意。工程师们认为，小型测试仪是一种工程设计不良的劣质产品，甚至不配与他们的测试仪相提并论。我辩解说，不是竞争对手的工程师生产不出更精密的测试仪，而是市场不需要。汉斯认为，这种来自一家不知名企业的粗糙测试仪会构成严重威胁的想法很荒谬。他告诉我，如果我是一名工程师，我就能理解这一点。

他说得对。如果我是一名工程师，我也会认为我的团队的发现没有任何意义。但我不是工程师，我是一名营销人员。作为一名营销人员，我看到一家企业在追求一种基于技术特征的差异化战略，而这些技术特征并不被买方所重视。我看到一款很有优势的市场品类正在以一种可以预见的方式成长起来，但我的客户所生产的产品却与它大相径庭。我看到一种新的、未得到充分满足的需求正在出现，人们对传统的解决方案越来越不满意。我看到一个雄心勃勃的竞争对手在花时间与我客户的客户打交道。我看到一家企业不听取客户的意见，也不尊重客户的意见。我推断，如果汉斯或他的工程师同事能够看到这一点，那么小型测试仪构成的威胁对他们来说其实是很明显的。

但他们并没有看到，不过这并不是因为我们没有努力。我和我的团队详细地解释了以上所有因素。在我们的报告结束时，汉斯说我们在分析中忘记了一件事。"什么事？"我问。"质量。"他回答。他的工程师同事们都点头。他说："不管你可能听说了什么，事实是，生产那台小型测试仪的工程师达不到我们能生产的质量，至少在5年内也达不到。"

"他们不需要达到你的质量就能拿下你的销量。"我回答，"质量完全是主观的。市场从不对质量做出反应，只对价值做出反应。"他听这话已经听够了。他站了起来，吼道："我们发明了这个行业，我们生产出了世界上最好的测试仪。我们的工程师决定这个行业的质量，而不是工厂经理，当然也不是营销人员。"因为他怒气冲冲地走出了房间，我只能妥协了。亚历克丝留了下来，感谢我的团队出色地完成了工作。

在接下来的几个月里，测试仪市场继续扩大，但我们客户的销售增长率继续放缓，直到趋于平缓，最终转为下降。这并没有改变汉斯的立场，但我知道这确实让亚历克丝感到了不安。一天下午，她打电话给我，感谢我们共同完成的工作，并告诉我她将辞去首席执行官的职位，加入另一家企业。她告诫我说，一旦她离开，我们团队很可能会被解聘。我祝她一切顺利，并等待她的继任者发来前文提到的邮件，这封邮件是在亚历克丝离开几周后发来的。

不到一年，我的前客户的全球销售额就被超越了，但他们仍坚称自己是市场领导者。在有人质疑他不断下滑的销售数据时，他会说，他的企业之所以领先，是因为其产品的技术优势。这增强了他们团队的信心，但也蒙蔽了他们，使他们对自己的处境视而不见。等到销量直线下降时，企业最终违背了自己的原则，推出了敏感度较低、价格较低的测试仪。但它的品牌标志和架构无法容纳这类产品。它没有在企业品牌上建立任何资产，只是以其测试界的"劳斯莱斯"产品而闻名。更重要的是，他们的销售团队对原有产品系列的定位做得非常好，以至于没有人愿意从他们那里买非高端的产品。从战略上讲，这家企业已经把自己逼入了绝境。

不过，最终结果证明我在一个方面预估错误。在我们做报告的那天，我就警告说，如果他们不采取行动，那么企业将在 5 年内被迫退出市场。到那次报告的 5 周年纪念日时，我的前客户还在营业。直到 5 天后，它才申请破产。

从中能得到的启示

上面是一家企业的案例，它原本拥有一切，但它最终创造了一个利润丰厚的品类，然后把它交给了竞争对手。在介绍这样的案例时，我总觉得有必要提醒读者，这些人都不傻。把几年的失误浓缩成几段话，任何人都会显得很傻。汉斯和他的同事是我共事过的他们所在的领域中最聪明的人中的几个。他们认为，如果他们能制造出他们所能设计的最好的产品，那么营销就会水到渠成。但事实并非如此。他们奉行的战略存在严重缺陷。事后诸葛亮总是无可挑剔，但汉斯和他的团队所犯的许多错误在当时看来，对于任何想要寻找这些错误的人来说都是非常明显的。为了帮助你进入新的市场，下面给出了你可以从上述案例中吸取的教训。

不要把统治这个领域误认为是领导这个领域

统治者从高处下达命令，期望被服从。好的领导者倾向于倾听和服务。一个好的领导者会激励人们追随他，即使人们没有追随的必要。汉斯认为他的责任是统治他创造的品类市场，而不是领导好它。

不要把先发优势误认为竞争优势

汉斯通过推出自己蓬勃发展的品类，打造了众所周知的蓝海，他在那里享受了多到难以置信的市场需求，和小到难以置信的竞争，但只享受了一段时间。处于这种地位，你会觉得自己已经赢得了比赛。但实际上，这只是一个小小的开始。在你拥有汉斯所拥有的那种先发优势时，你要利用这段时间建立起壁垒，来保护你从潜在竞争对手那里获得的市场份额。汉斯试图仅靠技术来做到这一点，却忽视了他的客户。你能建立的最强大的壁垒之一，就是你的客户对你品牌的忠诚度。

在某种程度上，品牌忠诚度可能会自行建立，但你不应该像汉斯那样认为这是理所当然的。要真正与客户建立联系，你就需要在这方面下功夫。

不要把质量和价值混为一谈

当我告诉汉斯，市场不会对质量做出反应，只会对价值做出反应时，他断然拒绝了这个想法。你可能也有同样的感觉，因为这听起来确实有悖常理。有一句商业格言："造一个更好的捕鼠器，全世界都会来找你。"在我们谈到制造一个更好的捕鼠器时，我们还必须问："对谁更好？"卖方、买方还是老鼠？他们都有不同的视角。如果捕鼠器制造商使用进口柚木而不是松木做底座，用钛而不是铝做机械装置，那么，可以说，你提高了捕鼠器的质量，但如果它在地下室抓老鼠时效果并没有更好，那你是否提高了它的价值呢？

在国外市场创造价值

在本书的第一部分中，我们重点介绍了如何让你所在的企业在国外市场建立销售、保持溢价以及发展品牌资产。第二部分的重点是，一旦你到了国外市场，你可以做些什么来实现这些目标。

贯穿第二部分的一个主题是价值：如何定义、开发价值，并给予买方价值。我以企业可以采取的防御性措施开始讨论，可以帮助你减少竞争、保护市场份额。这些措施可以减缓竞争对手的进步，并为企业运营创造一些可喜的喘息空间。然而，拖住竞争对手最有力的方法，是比他们向买方提供更多价值。说到底，对买方来说，价值才是最重要的，也是你要与之竞争的一切。

营销人员在讨论价值时，通常是以我们如何为目标买方提供更多价值为背景。本书的后半部分将详细探讨这个话题。但价值是双向的。购买产品的人提供了收入作为交换，但他们也为企业提供了另一种类型的价值：品牌资产。我认为，虽然每个企业都找到了获取和管理收入的方法，但很少有企业能够有效地获取并管理品牌资产（如果它们真的能获取的话）。这不仅是一个让人感觉良好的因素，无论是从品牌的财务估值还是中长期收入来看，品牌资产都是有利可图的，具有货币价值。

第二部分概述

你在进入一个新市场时往往会有提高销售量的期望。作为一个初来乍到的人，单靠销售策略就能使你的销量上升吗？

你的目的是要挤占市场份额以获得销量，还是投资打造品牌？第八章将帮助你在短期销售、长期销售和利润之间找到每个营销人员必须实现的平衡。我们特别关注 B2B 品牌，它们往往能从品牌发展中获得最大收益。

毫无疑问，你期待在新市场取得成功，但如果你的品牌大受欢迎，你有没有计划好后面发生的事情？第九章强调了战略在你到达海外市场后将发挥的作用，并就"如何充分利用市场上的初步成功来避免汉斯遇到的后果"提供建议。这要求你必须将竞争对手纳入你的战略，并制定策略来减缓他们的发展步伐。

你在销售上努力的结果会体现在收入中，但你如何在新市场获取品牌资产呢？品牌为利益相关者提供价值。利益相关者反过来以收入和品牌资产的形式为品牌提供价值回馈。品牌就变成了价值的存储库，不断提升自己的价值。在第十一章中，我将介绍达菲品牌资产模型，以此说明市场如何为你的企业创造价值，以及你如何管理和促进这种价值流动，以尽可能多地获取价值。

在你进入的市场中，买方会如何决定是使用你的品牌还是你的竞争对手的品牌？明白这一点能给你带来优势。第十二章介绍了净感知价值的概念。这一章明确了消费者如何评估价值，并提供了一个简单的模型来帮助你直观地了解这个过程。

销售函数通过交易将品牌提供的价值转化为货币，但销售不能为买方创造价值。那你将如何在你的市场中实现销售价值的转换？在第十三章中，我们讨论了你可以采取的 6 种措施，通过 3D 产品模型和 3D 成本模型来提高你的产品的净感知价值。

本书中有关国际品牌的概念是否也适用于没有产品品牌的商品？在第十四章，我对这个问题的回答是："是！"。最后一章讲的是销售商品的企业。虽然这并不适用于你的企业，但你也会发现最后一章中的例子对本书讨论的关键原则的应用给出了一些清晰的说明。

关于"价值"这个词的最后一点说明：这个词在不同的商业语境中有不同的含义。金融专业人士可能会把它看作是货币上的"新现值"。人力资源总监可能会用这个词来谈论员工共同的核心信念和原则。对于工程师来说，这个词可能会引发对工程价值的联想。零售商可能会将其视为销售价格的同义词。"净感知价值"这个术语一般指的是为买方创造价值。在第二节中，这个术语指的是从你买方的角度提高你的产品的相对价值，这样他们就会选择你的产品而不是你的竞争对手。第二节我将详细探讨这个想法。但现在，我想先解决一些模糊性的问题。

SALE

第八章
平衡短期和长期发展

绩效营销与品牌营销

在大多数情况下，每个营销部门都有一种持续的、健康的紧张关系。它存在于为获得短期收入而推动销售和为获得长期收入而推动品牌资产之间的角逐中。这就像一场拔河比赛，销售人员在左边，负责品牌发展的人在右边。绳子中间的旗子，在时局艰难的时候往往会偏左，只有在业务兴隆的时候，品牌方才会占上风。然而，近年来，我注意到旗子在平稳地向左移动，也就是更多的品牌发展预算被短期销售活动消耗掉了。

这两股力量之间的较量，是"绩效营销"和"品牌营销"

之间的选择。我同查尔斯·瓦兰斯（Charles Vallance）一样，都对创造"绩效营销"这个词的人有一种钦佩之情。他说："有人创造了'绩效营销'这个词，然后又把它的定义严格限制在营销漏斗的狭窄一端。它要付费检索、程序化投放广告、重复定位受众，要联合销售，我向此人脱帽致敬。"这个定位从很多层面上来说都很有大师风范。但它暗示了"品牌营销"根本没有作用。

我和杰夫·贾基特（Jeff Jackett）谈论了这个问题，他帮助我从客户的角度理解了这个问题。在联合利华、百事和麦当劳担任高级营销职位 25 年后，贾基特对这场"拔河比赛"并不陌生。他认为，随着品牌为获得即时的销售业绩而满足于理性的销售主张，同时以牺牲情感主张为代价，他们对"绩效营销"的重视日益增强，但如果客户的情感主张得到了满足，企业是可以建立品牌资产的。他认为，企业预算从建立品牌资产到推动短期销售的稳步转移，对品牌构成了真正的威胁。他说："从绩效营销中成长起来的品牌只有谷歌和 Facebook，而不是它们原本声称要服务的品牌。那些直接面向客户的零售业跨国企业尤其容易受到冲击。当地的市场经理感到压力很大，因为要在下一季度末之前给出可观的数字。"在这种情况下，最安全的选择似乎是带有'业绩'标签的选项，因为它有大量的数据来支持自己。当漏斗顶部产生的问题在底部表现出来时，企业需要更多的绩效用于说明。贾基特说："企业需要寻找到更好的平衡点，但当地方管理人员被激励去追求短期价值时，这种平衡很难实现。"小企业的管理团队同样容易受到"绩效营销"的蛊惑，他们还不知道营销的作用不仅是推动季度销售。

回想一下第二章的营销贡献模型（见前文图 2-1），它指出，任何营销部门的目标都是在增加今天的销售额、保持健康的利润率和提升品牌资产以确保未来的销售额之间保持平衡。如果不加以控制，今天对销售的过多追求就会消耗利润和品牌资产。营销人员面临的挑战是保持平衡。不幸的是，在等式的这一边，品牌资产并没有一支销售大军，每周与营销人员相抗争，宣传支持品牌发展的研究和它所提供的长期利益。不过，它确实有拥护者。其中最有说服力的两位是莱斯·比奈（Les Binet）和彼得·菲尔德（Peter Field），他们是《长与短》（*The Long and the Short of It*）一书的作者。根据投资促进机构有效数据库 30 年的数据，他们得出结论：虽然短期战术确实会增加短期销售，但推动长期收入以及市场份额和利润的是对长期战略的投资。他们在序言中引用了著名管理顾问彼得·德鲁克的话，后者在 20 年前总结了他们的发现的要点："通过堆砌短期结果是无法实现长期目标的。"

比奈和菲尔德认为，过度强调短期或长期业绩将对另一方产生不利影响，但"趋势是强烈追求短期业绩和短期指标，因此由此受到的威胁的是品牌的长期成功和赢利能力"。他们建议企业对 B2C（企业对消费者）品牌将约 60% 的支出投资于长期品牌建设，40% 投资于短期品牌建造。他们在 2013 年进行了初步研究，并在 2017 年进行了进一步研究，最后于 2018 年支持了他们最初的主张，即投资品牌资产发展对实现长期业务成果的重要性。

2019 年，比奈和菲尔德发布了更多的研究，这一次他们专注于 B2B。他们得出的结论是，这两种营销派别之间的差异被严重夸大了，建立品牌资产对 B2B 品牌的好处和对 B2C 品牌的好处一样多。其中他们发现的差异反映在了他们的建议中，即 B2B 品牌的平衡点约为：将约 46% 的支出用于长期品牌建设，54% 用于短期支出。他们的研究还得出了以下结论。

（1）投资话语权份额。话语权份额和市场份额之间存在的强烈关联适用于 B2B 和 B2C。

（2）在品牌和短期活动之间取得平衡。理想的组合是 45% 的品牌开发和 55% 的销售活动。

（3）专注于获得各种类别的客户。与其从现有客户中寻求更高的销量，不如努力扩大客户基础。

（4）把你的品牌放在首位。研究支持可得性启发式（也称可得性偏见），该理论认为：在给出选项时，人们会更倾向于选择最容易想到的那个。

（5）利用情感来建立 B2B 品牌。理性因素对短期销售最有效，但情感因素对长期增长更有效。

比奈和菲尔德希望他们的研究能有助于恢复 B2C 营销的平衡，并在 B2B 营销中努力创造这种平衡。在我看来，问题在于，大多数 B2B 营销部门都不存在紧张情绪，因为在这种拔河比赛中，绳子的右边根本就没有人。

B2B 品牌的案例

尽管有比奈和菲尔德的主张，但在 B2B 企业中间长期流传着一个说法，即战略营销和品牌管理的好处根本不适用于他们。支持这种说法的人认为，B2B 买方是理性的买方，而品牌发展是关于情感的，这是一种浪费。

这种想法部分源于对品牌管理作用的误解，也许之前与品牌相关项目的经验看起来只是一堆无用的废话。如果你在 B2B 企业工作，你有这种感觉，我不能怪你。在过去的 30 余年里，很多企业都被品牌发展计划搞得焦头烂额，而这些计划最终都被美化成了平面设计项目，充斥着大量的障眼法，却对业务没有任何积极影响。这是一种遗憾。品牌形象作为更广泛的营销战略的一部分，如果能得到适当的开发和管理，无论产品是卖给消费者还是其他企业，它都可以帮助企业加速成长、降低风险并增加利润。

其中一个案例是格南登福（Gardner Denver），一家商业泵制造商。在 2020 年与英格索兰（Ingersoll Rand）合并之前，格南登福为自己的品牌精心打造了卓越的声誉。这不仅有助于产品销售，还有助于其维持价格，建立品牌资产。正如麦肯锡公司的一个顾问团队所说："奔驰之于汽车，就像格南登福之于泵。"2013 年，麦肯锡报告称，一家私募股权企业出价 37.4亿美元收购格南登福，根据前一年的年度报告，这家泵制造商的品牌占企业价值的 43%。作为比较，B2C 巨头宝洁的品牌当时占其资产价值的 40%。

麦肯锡公司的一项研究甚至表明，品牌在 B2B 的购买决策中更为重要，因为它涉及太多东西，"如果你买错了牙膏，那么当牙膏用完的时候，你可以随时换品牌。但如果买错了涡轮机，你可能会损害企业多年的收益"。

这项研究的其他发现还包括：

● 强大的品牌形象与较高的息税前利润率相关。在其他条件相同的情况下，拥有强大品牌形象的企业的业绩比品牌形象较弱的企业要高出 20%。

● 决策者愿意为拥有强大品牌形象的企业支付高价，部分原因是他们认为这些企业风险较小。正如一句话所说："没有人会因为购买国际商业机器企业（IBM）的产品而被解聘。"还有部分原因是他们认为这个选择有助于通过关联建立起自己的个人品牌或企业品牌。

● 和消费者一样，专业的买方也将品牌形象作为降低风险和简化评估的捷径。

● 在一项对 700 名高管的调查中，品牌形象是所有受访者在 B2B 购买选择过程中的核心标准。其核心程度取决于受访者的国别。比如，在美国，品牌形象对购买决策的影响大于销售人员。在所有国家，品牌形象对购买决策的影响都大于产品的实际信息。

● 调查还揭示了企业最常谈论的问题与企业买方真正想知道的问题之间的不匹配性。在企业品牌传播中发现的前 5 个话题分别是：企业社会责任；可持续性；全球影响力；市场影响力；创新。然而，企业买方最关心的关于这些品牌的前 5 个话题是：诚实公开的对话；对整个供应链的责任；专业知识；与买方的价值观和信念的契合；品牌企业在该领域的领导力。

● B2B 品牌是未被充分利用的企业资产，这一想法并不算新颖。谷歌和 CEB 的研究进一步证实了比奈和菲尔德的发现，他们得出的结论是，B2B 客户"在情感上与供应商和服务提供商的联系要比消费者更紧密"。这意味着 B2B 品牌比 B2C 品牌能够从情感沟通中获益更多。2019 年对 600 名 B2B 营销人员进行的一项调查显示，那些投资于长期发展、品牌推广的 B2B 企业，相比没有投资的竞争对手，其业绩表现更好的可能性是后者的两倍。

模糊的界限

2006 年约拉姆·温德（Yoram Wind）发表了论文《模糊的边界：是否有必要重新思考产业营销》（*Blurring the Lines：Is There A Need to Rethink Industrial Marketing*？），几年后，我受邀就文中提出的观点进行讨论。在这篇论文中，温德教授认为，像互联网这样的新商业模式和技术的出现，使得企业的二分法不再是只是 B2B 或 B2C。

我同意温德教授的观点，即 B2B 和 B2C 营销之间的传统界限很难区分。我也同意他认为互联网整合了传统分类法中被孤立的受众。我也和作者一样，为 B2B 和 B2C 营销之间概念墙的消亡而欢呼。显然，卫星推进系统和口香糖的销售方式之间存在非常实际的差异，但品牌标志和市场原则的重要性对这两者同样适用，因为品牌标志和市场原则是实现销售的根本，同时还能建立品牌资产。战术可能会改变，但战术所依据的基本原则往往不会改变。

我对这篇论文唯一的疑问是：《商业与工业营销杂志》（*Journal of Business & Industrial Marketing*）为什么花了这么长时间才得出这个结论？我不认同 B2B 和 B2C 营销之间的界限变得模糊是因为互联网时代带来的新发展。温德所说的模糊化至少在 45 年前就已经成为主流，1973 年，联邦快递（FedEx）为其 B2B 隔夜快递服务在美国发起了一场带有消费者风格的全国性电视宣传活动。1989 年，芯片制造商英特尔开始为一款只有原始设备制造商才能购买的产品在公众中树立品牌知名度。所以，B2B 和 B2C 营销之间的传统界限很难区分，但这并不新鲜。几十年来，聪明的营销人员一直有意忽视这种人为的界限，但从一开始这种界限就不应该被建立起来。

霍尼韦尔（Honeywell）就是又一个优秀案例。这家价值420 亿美元的企业集团涉足了从航空航天、建筑管理到先进材料和安全解决方案等多个 B2B 领域。该企业的起源可以追溯到 1885 年，当时它生产的唯一产品是恒温器。这家年轻的企业面临的一个挑战是，炉具的制造商和安装商没有将恒温器纳入他们的设计中。1893 年，WR 斯威特（WR Sweatt）接管了这家陷入困境的企业。他没能说服制造商使用他的恒温器。于是，他提出了一个大胆的想法：通过向消费者投放广告来宣传品牌。WR 斯威特也在行业刊物上做广告，但他把大部分预算放在了面向消费者的广告上。广告起作用了，消费者开始指名道姓地向制造商要这个品牌的恒温器。这种通过使用在情感上产生共鸣的消费者广告来提高其在原始设备制造商面前知名度的方法，为霍尼韦尔随后一个多世纪的营销方法奠定了基础。事实上，20 世纪 80 年代，我在 BBDO 担任广告文案时参与的第一个活动就是霍尼韦尔品牌的消费者广播宣传活动。

1961 年，詹姆斯·H. 宾格（James H Binger）成为霍尼韦尔的总裁，他希望能使企业业务更加国际化。于是他重新定义了企业的销售方法，把重点放在利润而不是数量上。为了维持价格，同时在新市场获得吸引力，他采用的一个策略是进一步强化品牌。1963 年，他将企业名称从"明尼阿波利斯 – 霍尼韦尔监管公司"（Minneapolis– Honeywell Regulator Co.）改为"霍尼韦尔"。在宾格的领导下，霍尼韦尔继续拥护着 WR 斯威特的营销战略（即 B2B 经理通常所说的 B2C 营销），并通过广告树立品牌知名度和品牌形象。

虽然霍尼韦尔一直主要面向企业销售产品，但自 20 世纪初推出首款恒温器以来，它就一直在消费者媒体上开展企业宣传活动。1964 年，该企业当时在争夺企业大型计算机市场中仅次于 IBM，排在第二名的位置。为了提供帮助，BBDO 制作了一个广告，将霍尼韦尔的电脑部件制成可爱的动物，并在主流媒体上刊登此广告，而不仅限于行业刊物及商业杂志。这则广告在儿童中非常受欢迎，他们甚至会写信给企业，给企业提建议，说他们希望在未来的广告中看到哪些动物。这项活动在美国很受欢迎，随着霍尼韦尔的市场扩展到欧洲和亚洲，这些动物形象也同样赢得了喜爱。由于这些图像识别度高，又广受欢迎，霍尼韦尔可以通过户外展览和直接邮寄的方式来提升其知名度。这些动物形象被用于贸易展览和企业礼物，如扑克牌、日历和雕塑等。需求量如此之大，以至于霍尼韦尔都开始向公众出售适合装裱的复制品图像。

你可能会问，一家向政府、制造商和金融机构销售计算机主机的企业，究竟为什么要发起这样一场消费者友好型的活动？这是我开始处理霍尼韦尔项目时想到的第一个问题。答案是，在每个工作日休息的 16 个小时里，这些大型机构的决策者们不在办公室，他们只是像我们其他人一样过着自己的生活。而且，就像我们其他人一样，他们本质上也是感性的存在。引用卡尔·W. 博纳（Carl W Buehner）的话："人们可能会忘记你说过的话，但他们绝不会忘记你给他们的感觉。"我发现这句话对品牌和人都适用。霍尼韦尔信息系统公司（Honeywell Information Systems）的广告总监莫瑞·德特曼（Morrie Dettman）发起了这项动物宣传运动，他明白这一点。但他说："这些动物帮我们为霍尼韦尔塑造了一种个性，让我们为这个严肃的行业引入了一种轻松的氛围。"

直到 1999 年霍尼韦尔被联信（AlliedSignal）收购时，WR 斯威特遗留的精神仍然可以感受到。联信的企业历史同样悠久，而且规模比霍尼韦尔大得多，年收入几乎是霍尼韦尔的 2 倍。人们本以为合并后的实体会沿用大企业的名称。然而，联信却退出了其品牌，转而采用霍尼韦尔这个名称，理由是其品牌认知度和价值更高。

对于霍尼韦尔这样的 B2B 企业来说，B2C 和 B2B 的营销之间没有模糊的界限。这一点早在 1893 年就很明显了。使 B2B 企业在营销上表现得像 B2C 企业的真正驱动力不是互联网的存在，而是它采用的战略营销原则和实践。互联网只是让更多的 B2B 品牌更容易尝试营销。

再看看混合科技公司（BlendTec）。这家企业从1975年开始营业，是一家默默无闻的商业搅拌机生产商。它认为自己是一个B2B品牌，也相应地扮演了这个角色。BlendTec依靠销售人员用传统的销售材料和销售方式来实现营收。2006年1月，他们聘请了新的营销总监乔治·赖特（George Wright），然后一切都改变了。赖特在2008年的一次会议上说，经过31年的正常经营，BlendTec拥有强大的产品，但品牌却很弱，进而导致销售疲软。

2006 年 10 月，赖特申请了一笔预算来开展品牌宣传活动。他获得了 50 美元的宣传经费，这或许可以让我们了解到当时企业对品牌意识的重视程度。赖特了解到，老板汤姆·迪克森（Tom Dickson）是一名工程师，经常亲自在地下室对搅拌机进行压力测试。赖特问他是否可以拍摄迪克森的工作动态。得到许可后，赖特用自己的预算买下了一个网站域名，还买了一把弹珠、一把耙子、一份麦当劳超值套餐和一只泡在可口可乐里的烤鸡。第二天，迪克森在视频中把各种东西放进搅拌机，然后按下开关。赖特将这 4 段视频上传到油管网（YouTube），标题是："这能搅拌吗？"不到一周，这几段视频的浏览量就超过了 600 万次，迪克森成了一个"小网红"，不仅在 YouTube 上，还在美国全国广播公司（NBC）、哥伦比亚广播公司（CBS）、美国福克斯广播公司（Fox）、BBC、美食网、历史频道、探索频道、《华尔街日报》《哈佛商业评论》《科学美国人》和《商业周刊》上露了面，受到了报道，更不用说寻常的行业刊物的采访了。视频之于 BlendTec，就像动物之于霍尼韦尔：一个有效的工具，以令人愉快且与众不同的个性获得了知名度，并在情感上吸引了人们。

现在，这个曾经的 B2B 品牌出售一系列高端的家用和专用的搅拌机。其消费者产品起价约为 300 美元，顶级商业搅拌机的售价为 2700 美元。BlendTec 是一家私人控股企业，不公布财务数据，但迪克森在 2011 年的一次采访中说，在"这能搅拌吗？"视频大火后，他们的销售额在第一周就增长了1000%。不仅企业买方的兴趣激增，BlendTec 还吸引了一个全新的市场，即购买家用搅拌机的人。在接下来的 3 年里，与他们依靠传统的 B2B 销售策略时相比，其平均销售额增长了700%。迄今为止，BlendTec 已经发布了 180 多个"这能搅拌吗？"系列视频，其中最受欢迎的视频获得了 1800 余万次的观看量。鉴于大多数视频的拍摄成本约为 20 美元，BlendTec 向我们证明了，对 B2B 品牌来说，一点点情感就可以让它走得很远。

总结

如果你的企业和你所有的竞争对手都完全依赖销售策略

来创造营收，那么投资战略营销和品牌管理似乎是一笔不必要的开支。但是单靠销售策略所能达到的效果是有限的。随着时间的推移，这些限制会越来越明显，尤其是当你的竞争对手打算先你一步建立自己的品牌时。花费必要的时间和预算来建立一个能与消费者沟通的品牌，是一项能给企业带来持久回报的投资。认为 B2B 品牌享受不到这些好处，这种想法只是一个长期存在的、未经证实的传言。在过去的一个世纪里，B2B 企业在采用战略营销和品牌管理方面进展缓慢，这并不是因为缺乏 YouTube 这样的平台，而是因为缺乏尝试。不管有没有互联网，B2B 企业总是能够通过应用更有规律的营销战略原则而受益，但与 B2C 企业相比，很少有 B2B 企业尝试过这条路。认为 B2B 企业无法从以增加销售为目的，同时保护利润率并建立品牌资产的战略中获益，这种观点是毫无根据的。如果说有什么联系的话，那就是 B2B 企业是最有可能受益的。这些企业难以接受使用良好的营销战略，其中一个原因正是他们给自己贴上了 B2B 标签，人为地限制了自己，这就导致了传统的 B2B 心态以及随之而来的营销束缚。

如果你准备在进入新市场时取得成功，那么你就需要为接下来的事情做好准备——竞争加剧。

第九章
提升竞争优势

EMCO 案例

2010 年，我在一家全球大型医疗技术企业［我们在此称其为 EMCO（化名）］工作时，有了一个惊人的发现。这家企业的新任首席营销官聘用了我的团队来帮助提升他们的全球战略营销能力。我们开设了一个内部教育计划，每 3 个月，所有EMCO 的区域营销经理都会在里斯本会面，围绕战略营销的不同方面进行为期 3 天的课程和研讨会。培训计划的目标之一是帮助他们为年度战略营销计划制定一个共同的概念框架和模板。

我们从首席营销官那里收到了每位参与者的简要背景资

料，并查看了他们在领英上的个人资料。其中许多人的职业生
涯是从销售开始的，但所有人都在市场营销岗位上工作了至少
4 年。我们还提前与首席营销官一起审查了所有的培训材料，
并根据他的需求进行了调整。27 位营销人员飞过来参加了这
次培训。他们这群人都很棒：对项目充满热情，渴望学习。第
一次课程进行到大约 90 分钟时，我感觉有些不对劲。这群人
很投入，问了很多问题，但他们所有的问题都植根于战术。我
没有预料到一屋子的战略营销人员都会问这样的问题。

在第一次休息过后，我说："在我们再次开始之前，我想
更好地了解一下你们作为 EMCO 营销主管的日常工作。"我以
经典的营销组合为框架，问道："你们中有多少人参与了所在
地区的产品开发？"没有人举手。"那定价呢？你们会参与决
定你所在地区的产品价格吗？"没有人举手。"你们中有多少
人与各个销售渠道打过交道，从而影响你们的产品在市场上的
销售方式？"还是没有人举手。这并不奇怪。许多企业都只从
促销的角度来狭隘地定义营销。"好吧，"我说，"那我猜你们
大部分时间都花在制定促销策略和活动上了吧？"还是没有人
应答。其中一位营销经理大声说："不，我们不做这些事情。"
我很困惑："那你们是做什么的？"我问。他说："大多数情况
下，我们会接到销售团队的请求，需要我们提供信息或开发工
具，帮助他们更好地销售。"

他们都从事销售支持工作，但有营销人员的头衔，认为

企业开展营销活动的想法只是海市蜃楼。我心中既着迷又惊恐。我知道这个企业有问题，但我没想到，他们仅靠销售就能生存这么久。一家企业怎么能在几乎没有营销的情况下发展到这么大的规模？那次会议剩下的时间我们都在探讨这个问题。

20世纪60年代，EMCO进行了一系列颠覆性的创新，帮助他们建立并主宰了医疗行业中的一个细分市场，这个细分市场如今仍在增长，每年估值约为1000亿美元。在早期，其技术的优越性能很容易通过标准的治疗指标和患者康复的结果来量化。当时所存在的技术是无法与其相比的。在这种蓝海市场环境中，EMCO提供的产品价值是如此新颖且明显，赢得市场份额主要是靠扩大生产规模以及聘用足够的销售人员。事实证明，这个成功的公式是正确的。从那时起，它就决定了该企业的市场策略。战略营销和品牌资产不在这个公式中，因为在企业的成型期，它们与企业的成功无关。几十年来，EMCO的方法一直没有改变。

然而，环境发生了变化。新的竞争对手出现，带着技术来到了这里，严重削弱了EMCO的性能优势。到20世纪90年代，这个领域的所有参与者都复制了EMCO的技术。曾经的突破性创新，现在却只被认为是一种商品。EMCO不再能获得溢价，并发现自己陷入了一场完全靠价格进行竞争的底层竞争。这使得EMCO越来越依赖用于运行机器的一次性用品的销售收入，但即使是那些低技术含量的物品也会受到来自竞争对手品牌和普通产品的巨大价格压力。业务增长只能通过收购来实现，这使得 EMCO 的规模逐年扩大，但给企业带来了沉重的债务负担。EMCO 营销经理的解释让我更清楚地理解了这一点，也为接下来的培训计划提供了一个很好的案例研究。

大约在 EMCO 成立的同一时期，心理学家马斯洛说："我想，如果你唯一的工具是锤子，那就很容易把一切都当成钉子。"EMCO 唯一的业务增长工具是它在成立之初使用的：生产和销售。从这个角度来看，他们所能看到的发展业务的唯一选择就是通过收购扩大生产，通过销售策略来推销产品。

EMCO 比竞争对手占据了更多先机，但从未战略性地利用这一点来巩固其领导地位、建立品牌资产或为竞争对手创造其他有意义的进入壁垒。其实它拥有这样做所需的一切条件。EMCO 及其产品被誉为业内的游戏规则改变者。它的买方需求都很明确，也很容易被识别和定位到。EMCO 品牌还有一个扣人心弦的背景故事，在医疗保健专业人士中众所周知、广受尊重。人们也了解它所销售的产品类型。所有这些对任何品牌来说都是巨大的优势。最初，它能够吸引到该领域最优秀、最聪明的人才。然而，EMCO 没能利用好这些优势，因为领导层没有将品牌资产，甚至营销战略视为可以用来增长业务的工具。他们只看到了生产和销售能力。而这两项优势在帮助企业培养买方忠诚度、取得产品品类主导地位、获得溢价或为竞争对手制造进入壁垒方面收效甚微。在第十一章中，我会深入探讨发展品牌资产从而实现这些目标的机制。但在此之前，我要解决更根本的问题，即如何利用营销战略和品牌管理在国外市场竞争，尤其是在你似乎不需要它们的时候。

如何避免海市蜃楼式营销

当你在新市场推出产品时，本书第一部分所涵盖的所有准备工作将使你在竞争中站稳脚跟。到了这一刻，你的计划将会遭遇现实。无论你准备得多么充分，总会有你意想不到的波折和意外。有些会是机遇，有些会是障碍。要成功应对这两种意外就需要你具备战略营销和品牌管理方面的技能。你需要一个能够胜任这两项任务的营销部门。

任何企业都可能过于专注于销售策略，而忽视了营销战略和品牌资产的发展。B2B 企业尤其倾向于低估战略营销对其业务的价值。试图改变这种观念的营销人员则要面临艰巨的挑战。正如弗朗索瓦斯·M. 雅克（Francois M Jacques）在《哈佛商业评论》（*Harvard Business Review*）的文章中指出的那样："即使是商品也有客户"。"在一家认为自己不需要营销功能的企业，建立营销功能谈何容易。"不过，这也是有可能的。2001 年，雅克被任命为拉法基（Lafarge）的新任首席营销官，该企业成立于 1833 年，并发展成了世界上最大的混凝土生产商之一。2015 年，它与瑞士混凝土巨头豪瑞（Holcim）合并，成为拉法基豪瑞（LafargeHolcim），在 80 多个国家拥有 8 万名员工。2001 年，雅克开始了一项为期 5 年的计划，准备将营销职能引入拉法基。在他开始担任首席营销官后不久，也曾披露了一个令人震惊的消息：就像 2001 年的拉法基一样，许多企业的营销职能只是名义上的。他指的是，该企业有一个强大的销售部门，但没有战略营销职能。从本质上讲，营销部门只是一个美化的销售支持团队，可能被错误地贴上了"营销"的标签，因为企业没有对这一职能进行真正定义或理解。雅克启动了一个精心策划且执行良好的流程。他以利润率为主要指标来监测他的努力结果。经过 5 年的稳步发展，市场营销被认为将利润率提高了 1%。虽然这对于 5 年的工作来说，增长的幅度似乎有点小，但要考虑到拉法基的年销售额为 280 亿美元，所在的行业是一个低利润率的行业，这个成绩显然算是不错的。

记住，市场营销的主要功能不是沟通，它是要在特定的细分市场中实现可持续的销售需求、溢价诚信和品牌资产。你的市场营销部门的主要职责是什么？虚假的营销部门通常负责根据沟通技巧制作印刷或数字形式的促销材料。这可以为那些把营销等同于传播的人提供一种令人信服的营销错觉。然而，对于大多数企业来说，促销材料本身并不能产生持续的、可保护的增长或利润。在存在竞争对手的市场中，赢利增长需要营销部门在产品、价格、渠道和推广之间进行紧密协调的努力。

只有这样，企业才能在市场上拥有优越的感知价值。如果你的营销部门的存在是为了向销售部门提供更新的网站、小册子和贸易展览摊位，那么你就没有营销部门，你只有一个销售支持部门。如果你的营销部门主要是为利益相关者提供沟通，那么你就没有营销部门，你只有一个企业沟通部门。如果你的营销部门负责推广，但不直接参与获取买方意见，并无法据此调整产品、价格和渠道，那么你就没有营销部门，你只有一个推广部门。销售支持、企业沟通和推广对于一家健康的企业都是至关重要的，但它们不能替代营销计划，因为仅靠沟通无法在保持溢价诚信和品牌资产增长的同时持续推动销售。

不断建立优势

如果说 EMCO 这样的企业教会了我们什么，那就是如果你确实想办法发明了一个性能更好的捕鼠器，买方发现了它，他们信任你，那么无需营销策略，世界也会主动找到你。但有一个问题：如果有一天别人找到了另一种和你的捕鼠器一样有效的方法来控制老鼠，而你仍然没有营销策略，那么，你就完蛋了。

经历了惨痛教训的"捕鼠器发明者"不胜枚举。以第一个在商业上取得成功的音乐播放器为例。1979 年，随着索尼随身听卡带式播放器的出现，市面上推出了更多种类的便携式音乐播放器。随身听（MPMan）是韩国世韩信息系统公司于1998年推出的。这是当时第一款批量生产的固态数码音乐播放器。它有高达64mb的闪存存储空间，而其名称显然是为了引起人们对索尼随身听系列漫步者（Walkman）的联想，在MPMan发布之前，该系列就已经主导了便携式音乐市场近20年。然而，与这个名字不同的是，在MPMan推出几个月后，它就发现有一些新进入这个类别的产品已经开始抢占它的市场份额了，其中最引人注目的是帝盟多媒体公司（Diamond Multimedia）的Rio PMP300 MP3播放器。从很多方面来说，MPMan确实是一个更优秀的"捕鼠器"，它确实在便携式音乐领域开创了一个新的类别，但它和那些跟随它进入该类别的早期竞争者都还有很大的改进空间，没有建立障碍来阻止未来的竞争者进入该类别。总部位于新加坡的创新技术公司（Creative Technologies）注意到了这一点。2000年，该公司创新发布了带有6GB硬盘的诺曼德夹克播放器（NOMAD Jukebox）便携式音乐播放器，这比苹果公司推出一款非常类似、带有5GB硬盘的播放器早了1年多。事实上，直到2001年2月，乔布斯才萌生了开发音乐播放器的想法。第一代苹果播放器（iPod）只用了9个月的时间就开发出来了，主要采用了市场上任一款播放器都能使用的技术。

2001年10月23日，乔布斯将iPod称为"一款突破性的数字设备"，但其真正的突破并不在于iPod本身。苹果在音乐播放器领域起步较晚，它在这一领域真正的突破是，乔布斯以一种更全面的营销战略推出了他的设备，其中包括技术以及占据市场份额并抵御竞争对手的方法。iPod 是以一系列相互关联的属性为基础而发布的，这些属性增加了它的价值，如果要复制的话，成本太高、太复杂、风险太大。它包括大量的硬件专利和软件版权、强大的品牌资产、苹果内部的隐性知识和技能、专有技术网络日益增长的兼容性以及苹果推出的在线音乐库和设备管理工具苹果播放器（iTunes）。iTunes 应用程序之后将是 iTunes 商店，它允许用户合法购买并下载音频文件。发明一个技术上优于 iPod 的 MP3 播放器是很容易的，但事实上，创新技术企业早在一年前就做到了。然而，iPod 本身只是这个增值平台的一部分。要复制苹果在 iPod 背后创造的资源，即使对最强大的竞争对手来说也是一个沉重的负担。苹果逐渐从产品战略转向平台战略，创造了强大的竞争优势。

乔布斯建立 iPod 业务的方式中，有一个更反直觉的方面是，这个业务不一定是提前几年计划好的，他也没有试图将市场推向一个特定的方向。苹果曾在约翰·斯卡利（John Sculley）的领导下尝试以这种方法推出个人数字助理（PDA），结果惨遭失败。乔布斯的主要技能似乎更多的是耐心和准备，而不是预测和计划。他并没有煽动市场趋势，而是能够识别哪些是无用的、哪些能为苹果提供最大的价值。这就要求他对自己的企业相对于消费者趋势和潜在竞争对手的优势和劣势有一个非常确切的认识。然后，他会等待市场风起云涌。如果他认为这种趋势符合苹果品牌、苹果有竞争优势、能进一步增强这种优势，那么他就会迅速、果断地采取行动，就像营销 iPod 那样。这 3 个标准就是它顺利地由弱变强的公式。等待市场提供一个大致的方向，认识到其中哪个方向能提供最大的竞争优势，然后能够以明显高于竞争对手的价值迅速地利用它，这使苹果成了一个强大的竞争者。使用乔布斯的这 3 个标准来评估遇到的机会，并随时准备针对它做出果断的反应，也可以使你的品牌在你即将进入的市场上成为一个强大的竞争者。

　　iPod 的成功不仅是苹果公司的突破，也是全球音乐产业的突破。在鼎盛时期，iPod 在所有带磁盘驱动器的音乐播放器中占据了 90% 以上的市场份额，在整个便携式音乐播放器市场上，iPod 占有 78% 的份额。到 2015 年，大多数人都用手机听音乐，苹果也不再报告 iPod 的销售情况。到那时，苹果公司在 13 年内已售出超过 4 亿部 iPod。根据苹果公司首席执行官库克的说法，"索尼用了 30 年的时间才卖出了 23 万台随身听"。

　　产品定位之父艾·里斯（Al Ries）和杰克·特劳特（Jack Trout）在《22 条不可改变的营销法则》中指出，创新者最初的成功只是为后面更有战略能力的成功者铺平了道路，比如音乐播放器领域的苹果与创新。特劳特和里斯列举了一些深刻的创新案例，比如美国第一辆成功的商业汽车、洗衣机、电视、个人电脑和文字处理器等。似乎很难相信，在如此庞大的类别中，任何一家拥有先发优势的企业都可能失去优势，如今还有谁曾听说过杜里埃（Duryea）汽车、托尔（Thor）洗衣机、杜蒙（Du Mont）电视、米特（Mits）电脑或王氏（Wang）文字处理器？在它们的时代，这些品牌都是众所周知的"更优秀的捕鼠器"。每个品牌最初都经历了一段竞争非常小的时期，它们的所有者都专注于销售和生产，以满足市场需求。在这种环境下，它们都做得很好。一旦有人以可防御的竞争优势为基础，制定了连贯的营销战略，且给出的价格有竞争力，那么前者就会被挤出市场。

对于那些取得初步成功的企业来说，这种平静的日子可能会持续几个月，也可能会持续几年，这取决于在位者的创新难度。然而，竞争对手最终总会出现，他们带来的问题无法通过扩大销售队伍的规模、为其注入动力或增加产能来解决。进入新市场和（或）新品类的企业往往发现自己会被那些创新能力较弱但战略能力更强的竞争对手超越，因为前者没有有效的营销战略来与之竞争。

为竞争做准备

所有的竞争优势都是暂时的。当你遥遥领先时，可能不会有这种感觉，但他们总会赶上来的。有些优势可以比其他优势持续更久，但最终你所在的企业自身的熵和惯性，以及市场的创新和进化，会把你拉回普通企业的行列。当这种情况发生时，你需要利用你以前的优势，转而发挥你的下一个优势。

战略家丽塔·冈瑟·麦格拉思（Rita Gunther McGrath）在《竞争优势的终结：如何让你的战略像你的业务一样快速发展》（*The End of Competitive Advantage: How to Keep Your Strategy Moving as Fast as Your Business*）一书中阐述了这一观点。她认为，培养一种可持续竞争优势的时代已经结束，如今的企业需要专注于迅速提升一系列永无止境的"短期优势"。在某种意义上，这就是乔布斯在上文苹果 iPod 的案例中所做的。我完全同意，以市场投入为基础，果断地从优势转向优势才是正道，但我并不完全认同可持续竞争优势的消亡。我认为企业可以两者兼得。40 多年来，苹果一直将设计和简约作为其竞争优势，在此期间，它也追求多种短期优势。对于大多数企业来说，成功追求短暂优势战略的能力和纪律是很难实现的。事实上，这种能力本身就可以提供可持续的竞争优势。

在你的产品大受欢迎时，你可能会觉得整个市场都在密谋反对它，事实也的确如此。所以，如果你计划在新市场畅销，那么你也应该计划现有品牌应有的反应，以及（或者）如何应对不可避免地随之而来的新一波竞争浪潮。如果你已经有了一个新类别的产品，那么你要利用你的先发优势来建造进入壁垒，以阻止新竞争对手的到来。如果你已经处在一个竞争激烈的产品类别中，那么你也应该采取战略提升你的竞争优势，以及思考如何在面对已知的竞争对手时保持竞争优势。你应该考虑如何比竞争对手更高效地生产产品从而提高利润率（比较优势），以及如何提高买家在你的产品中看到的独特价值（差异优势）。

关于"进入壁垒"和"竞争优势"的讨论（前者旨在降低新进入者构成的威胁，后者针对已经在这一类别中的其他人）可能会引起混淆。这是因为这些术语有多种定义，很多人会交替使用这些术语，而且企业为保护其市场份额不受新进入者影响而采取的许多措施，对现有竞争对手也同样有效。埃里克·乔根森（Eric Jorgenson）在他的博客"经久不衰"（Evergreen）中对此做了生动的解释。他把竞争比作一场赛车比赛，其中的准入门槛指的是进入比赛所需要付出的代价，比如造车、找司机、拉赞助商、注册、参加预选赛等。它们让你的赛车有机会和其他赛车同在起跑线上，等待绿灯闪烁。在这个比喻中，竞争优势将是指在比赛中击败其他赛车所需要的能力。

如果你孤立地谈论其中任一类竞争对手（现有的和未来的），这些术语有用，但当你要同时面对这两类竞争对手时，就变得很麻烦了。出于这个原因，我将使用沃伦·巴菲特曾用的术语"经济壕沟"来指代那些让现有的和潜在的竞争对手更难窃取市场份额的因素。这里的壕沟指的是中世纪城堡周围注满水的护城河。一条宽阔的经济壕沟是指竞争对手很难跨越这条鸿沟，无法通过牺牲你的品牌来获得市场份额。竞争对手跨越壕沟的一种方法是直接模仿你的产品。如果你有资源能获得强有力的专利，那么可能在一段时间内可以避免这种情况，但竞争对手往往会通过使用不同的手段来规避这些保护措施，来生产与你相同或相似的产品。在企业内部，随着时间的推移，你传递卓越价值的能力可能会因为关键员工的流失而减弱，因为你无法在扩大规模的同时保障质量，或者因为一些损害你品牌声誉的行为或指控而减弱。或者，随着时间的推移，市场环境可能会发生变化，使你的优势变得不那么重要。就像 iPod 一样，当便携式音乐播放器的功能被整合到智能手机中时，其重要性就会降低。苹果（再次）领先一步，推动了这种整合，蚕食自己的产品线，推动了下一个大事件的发生：苹果智能手机。

拓宽壕沟就是要让他人越过壕沟变得非常困难、成本很高、风险很大，让大多数竞争对手会觉得不值得去尝试，与此同时，又不能违背反垄断法。要拓宽你的经济壕沟，一个有效方法是发展卓越的品牌资产和价值。利用或创造一些其他优势，也可以帮助延长品牌的成功期。有些是你的产品类别所固有的，比如起步时需要大量的资本投资，或者法律、监管或许可要求很高。还有一些其他优势可能会直接受到企业的影响，比如所有权、专有权，或者关键技术、资源或原材料的优惠价格，或者激励客户不更换品牌的忠诚度机制。

比如，当 EMCO 通过技术创新创造了一个新的医疗器械品类时，它获得了大约 5 年的先发优势。按照上面的建议，它本可以利用这段时间来做这些事：

- 一旦当前的创新发展到一定程度，就立刻进行下一个重大突破。
- 形成规模经济，当竞争对手到来时，就可以降低价格并保持利润。
- 通过将其设备与其他专有设备和配件联系起来形成平台效应，这也会使客户更难更换品牌。
- 建立强大的品牌资产。
- 开发增值特征和增值关联，同时减少摩擦成本和关联成本。

这里的重点是，你在新的市场取得成功时，不要满足于现有的成绩，要努力寻找方法来培养你对抗当前和未来竞争对手的优势，为客户提供更大的价值，并尽可能长时间地保持你的连胜势头。无论你是在建造壕沟还是壁垒，我都要提醒你一句：不要忘记买方的视角。我发现，企业在考虑保护和扩大市场份额的最佳方案时，并不总是能考虑到买方的观点。无论你使用什么工具或方法来确定、开发及利用你的竞争优势，目的都应该是一样的：为买方提供更大的价值，同时让任何选择与你竞争的品牌要被迫承担更高的成本、复杂性和风险。

理查德·鲁梅尔特（Richard Rumelt）在他的《好战略，坏战略》（*Good Strategy，Bad Strategy*）一书中，探讨了竞争优势的本质，以及企业如何围绕竞争优势制定战略。他说，竞争优势在于竞争对手之间存在的差异。由于差异有很多，所以企业必须决定哪些差异更关键，并将其转化为竞争优势。鲁梅尔特认为，这是任何企业领导者的一项基本责任。他认为，战略家改变了企业对竞争优势的看法，从单纯关注产品，转向关注如何"给对手施加不对称的成本"。这种类型的优势会让竞争对手失去信心，因为他们无法与你的品牌提供同等价值。鲁梅尔特列举了沃尔玛等企业利用这种竞争优势的例子。

在过去的 30 余年里，许多案例研究都对沃尔玛的成功秘诀进行了剖析，以至于它已经不再有秘诀可言了。尽管如此，还是没有其他零售商能够复制它的成功。为什么呢？其实任何零售商都可以和沃尔玛一样在人口较少的地方开设商店，并提供同样的产品和价格。但为了赢利，它们还需要开设许多家这样的商店，并能够复制其中非常复杂的供应链公式，以及专有的信息技术和物流基础设施，更不用说要达到与沃尔玛同等水平的品牌知名度、吸引力和忠诚度了。同样，家具生产商也不能仅通过复制宜家的产品系列，然后制作产品目录来复刻宜家的价值。在线零售商也不可能仅通过复制亚马逊的网站就成功对抗亚马逊。就苹果而言，2001 年的音乐播放器也不可能与

iPod 相抗衡并取得胜利。这些企业提供给客户的价值，都是随着时间的推移，通过利用一系列相互依赖的因素，有条不紊地不断壮大发展起来的。这就导致要复制这些企业提供给买方的价值并从中获利变得非常复杂，也使得想要尝试的企业更少了。

总结

像 EMCO 这样的新企业，在开始时往往要经过大量的试验和错误，直到他们找到适合自己的市场运营方法。当成功来临时，企业的业绩会沿着陡峭的增长曲线迅速上升，这通常可以视为对产品、领导团队和他们迄今为止所做的每一个决定的无可辩驳的市场验证。在这个积极的拐点出现时所采用的战略会烙印在企业的 DNA 中，并成为未来成功的典范。对于许多 B2B 品牌来说，最初的井喷式增长是为了满足需求，由创新研发和快速成长的生产、销售功能相结合而推动的。就其本身而言，这 3 种优势的结合足以产生惊人的增长，至少在初期是这样。随着品类的成熟，游戏规则也在改变。导致最初取得成功的战略和战术，往往在这些企业的生命后期并不能很好地发挥作用。那些只制订销售计划而没有营销计划的企业，并不是在为成功做打算。因为成功会带来竞争，而竞争的目的就是削弱你的竞争优势，夺取你的市场份额。任何未能解决这一问题的战略实际上都是失败的前奏。

EMCO 等企业所缺少的环节是就战略营销和品牌管理。这使得它们在现有竞争对手和新进入行业者面前不堪一击。

SALE

第十章
制定竞争战略

主场优势

看到这里，我希望你脑中开始形成一个模式：若营销人员进入新市场时放松警惕，往往会付出高昂的代价。主场优势不仅适用于体育，也同样适用于营销。主场优势当然不会决定比赛结果，但它会在某些方面给本土品牌带来优势。这种优势最具破坏力的应用是，如果本土品牌能够影响立法或法规，那将使你难以在该市场开展业务或无利可图。

除此之外，你只需采取正确的心态，就可以与当地品牌公平竞争。相对于本土竞争对手，你所能拥有的最大优势就是以劣势方的身份进入市场。这与你如何定位你的品牌无关，这只是一种内部管理策略，目的是防止自满情绪渗透到整个过程中。你认为自己处于劣势，因此会比现有品牌更警惕、更有战略眼光、更自律。做好功课，充分利用你能找到的每一个竞争优势。用战术对抗战略并取得胜利是很难的。如图 10-1 所示，如果本土品牌具有战略性，那么你做的准备就是对的。如果他们不具战略性（很多品牌都是这样），那么反过来他们就需要培养这些技能，才能与你成功竞争。但这不是一朝一夕能做到的。在他们思考这个问题的时候，你就可以利用时间优势来开发你的业务。在这之前，你首先要确定你的竞争战略。

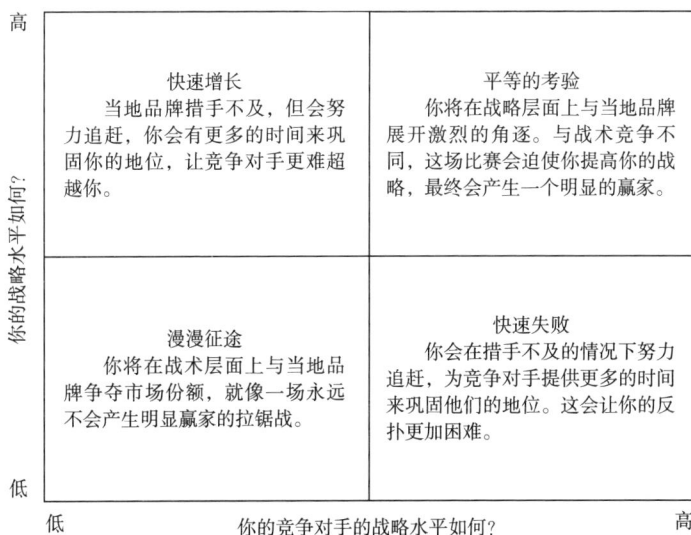

图 10-1　将你的战略技能与当地竞争品牌的战略技能进行比较时可能出现的结果

在确定竞争战略之前，你最好先参照竞争品牌以及你将在国外市场面向的买方，评估一下你所在的企业的优势和劣势。

哈佛商学院的迈克尔·波特（Michael Porter）在他的开创性著作《竞争战略》（*Competitive Strategy*）中，介绍了 3 种基本的竞争战略选项。

● 价格：这个品类的买方对价格的敏感度如何？你的企业的生产成本是否比市场上其他同品类的企业更低？你能保持这种优势吗？如果这是你业务的主要优势，那么你应该考虑成本最小化策略，以更低的成本结构在整个品类市场中竞争，这使你能够给出更低的价格。

● 差异化：这个品类的买方是否有未被满足的需求，且你的品牌可以满足这些需求？你的企业是否有真正独特的产品，且其价值受买方的重视，并难以被竞争对手复制？你能保持这种优势吗？如果这是你的企业的主要优势，那么你应该考虑采取产品差异化战略，用你的价值在整个品类市场中竞争。

● 利基：在这个品类中，是否有一个独特的买方群体，他们的需求没有得到充分的满足，且其需求足以支持你的业务？你的企业是否拥有独特的产品或特殊的资质，虽然大多数人不感兴趣，但能受到这部分买家的高度重视？你能维持这种优势吗？如果这是你的企业的主要优势，那么你应该考虑以市场为中心的战略，可以通过价格或差异化策略来主导一个细分市场。

波特的 3 种通用竞争策略是基于对 1000 多家不同企业的分析而提出的。作为一名经济学家，波特更感兴趣的是企业的赢利能力，而不是企业的规模。竞争战略的目标是创造可持续的竞争优势，使企业的赢利能力高于行业平均水平。

在进入国外市场时，为你的企业选择最佳的竞争战略需要先评估竞争环境和企业自身的优势和劣势。做了这些之后，你需要做 2 个决定。

第一，你将如何竞争？在波特的模型中，只有 2 种选择。企业可以通过以更低的价格提供类似（不完全相同）的产品参与竞争，或者，可以提供差异化的产品，提供额外的价值，从而给出更高的价格。

第二，你将在什么范围内进行竞争？竞争范围广意味着你要瞄准整个品类的买家，因此你要与其他同类型企业竞争。或者，你可以缩小竞争范围，选择一个或多个利基市场，通过较低的价格或产品差异化来主导这些市场。后者会更常见，企业调整其产品以满足利基市场的特定需求，从而获得更高的价格。反过来，高价有助于抵消市场利基可能提供较小的增长空间这一事实。

理想的利基市场买方有某种特定的需求，但该类别的主要产品无法充分满足这个需求，因为利基市场的大小不足以来吸引市场的主要参与者。要找到一个利基市场，首先你要有一个未得到充分满足的细分市场，且你可以为其提供服务，获得赢利。这种买方通常能理解卖方需要为他们的特殊情况开发定制产品，因此他们愿意为此支付高价。

利基市场企业的一个很好的案例是美国有机食品连锁超市全食（Whole Foods）。如今大多数主流食品商店都有一个相对较小的有机区，选择有限，价格高昂。Whole Foods 将其扩展为开设一家有机食品商店的概念。Whole Foods 仍然采用了有机食品的高价，但它提供了更多的选择。它把所有受欢迎的非有机品牌都排除在外，"全情投入"有机食品。这要冒巨大的风险，只能从特定的人群中得到回报。事实上，亚马逊收购 Whole Foods 的主要原因之一就是为了获得其客户，特别是因为其品牌忠诚度和购买力。亚马逊不仅看到了它要收购的品牌，还看到了因品牌而来的客户。

准备赢利

你选择的战略将影响你在进入国外市场时与当地品牌的竞争，但竞争只是影响赢利的几个因素之一。波特将塑造行业利润的因素浓缩成一个波特五力分析模型。在进入新市场时，分析好这 5 种力量很重要，因为尽管其中有些力量可能从全球范围来说适用于你所在的行业，但它们在不同的地理市场往往发挥着不同的作用。一个好的战略将帮助你比你的竞争对手能更好地驾驭以下 5 种力量。

（1）行业竞争。竞争对手的数量和他们的相对优势限制了你在定价和条款方面发号施令的能力。这削弱了你对赢利能力的控制。

（2）行业新进入者的潜力。新进入者可能会对业务和利润产生很大的破坏性。如果该品类的特点是进入门槛低和（或）产品或商业惯例过时，那么它很可能会吸引新的竞争对手进入。

（3）供应商的力量。如果供应商和他们提供的投入很稀缺和（或）难以替代，那么他们就有更大的权力来决定他们的价格和条款，这对你的利润有直接影响。

（4）客户的力量。若一家企业只拥有少量客户，且替换这些客户的成本很高（这在 B2B 企业中很常见），这些客户就有更大的权力来谈判获取更低的价格、更有利的条款。而一个企业从客户身上获得的收入越多，获得这些客户的成本就越低，那么每一位客户的议价能力就越弱，这就给了企业更多的筹码，帮助它实现利润最大化。

（5）替代产品的威胁。替代品是指可供买方选择的另一种产品，它可以取代你的产品，但能获得相同的效果（或足够接近）。你的竞争地位会随着市场上替代品的增加而减弱。若你提供的产品没有相近的替代品，那你将有更大的权力来支配价格和条款，从而实现利润最大化。

按照规律而言，随着这些因素带来的竞争压力的增加，利润会随之减少。根据这一规律推论出的必然结果是，竞争通常会随着时间的推移而加剧。最擅长管理好这 5 种力量，且能随着竞争的加剧而调整的企业将是利润最高的企业。接受这 2 点有助于了解哪种竞争战略对你的企业最有利以及与竞争对手相比，怎样实现更高的赢利。

"但是我们没有竞争对手"

对于企业领导层来说，一个常见的陷阱是错误地认为他们没有竞争对手。就像汉斯那个案例一样，如果你追问更多的细节，他们往往会解释他们产品的某些方面与当今市场上的任何产品都不同，从而得出他们没有竞争对手的错误结论。这表明他们对竞争有根本性的误解，这可能会对企业造成无可挽回的损害。

拥有独特的产品本身并不意味着竞争优势。在市场营销中，就像在自然界一样，独特并不是唯一。每一种产品，就像每个人、每个企业、每一粒沙子一样，都有这样或那样的独特之处。将你品牌的竞争对手狭隘地定义为那些产品与你完全相同的企业，如果不是自欺欺人的话，那就是弄巧成拙。不幸的是，这种狭隘的定义使用得很普遍，因为它可能会在你制定市场策略的过程中造成沟通不畅，产生阻力。

因此，要避免在战略规划过程的早期使用"竞争对手"

这个词。相反，要使用"选择"或"替代品"等词。如果除了使用你的产品之外，还有其他选择能满足你市场上的这种特定需求，包括非消费的需求，那么你就有了竞争对手。如果你的目标客户可以用市场上的其他产品替代你的产品，并且得到相当类似的效果，那么你就有了竞争对手。美国零售商玩具反斗城（ToysRUs）在将业务扩展到全球 40 个国家时，仍认为自己没有竞争对手。如果这是真的，那么一旦该企业在 2018 年破产，我们就没有玩具可买了。显然，事实并非如此。事实上，玩具反斗城有很多竞争对手，但该企业领导层未能认清这一现实，这可能在很大程度上解释了为什么它 20 年来一直衰落直至破产。

下次如果听到一位同事或企业发言人自豪地宣称他们的产品没有竞争对手时，想想波特的五力模型。如果他们说的是真的，那么市场上就不可能有任何企业或产品能够合理地满足与该产品相同的需求，而且曾经也没有过这样的产品或企业。我并不是说这不可能实现，只是说，说这种话的人并没有足够仔细地观察市场或他们的潜在客户。

就像我们在前文看到的 EMCO 这样的案例一样，一家创新的企业创造了一款更好的"捕鼠器"，在开始时它面对的竞争压力会相对较小，并能在这种环境中取得成功，这并不罕见。然而，市场不会永远维持这些条件。如果一家企业没有准备好，不能或不愿意随着竞争压力的增加而进行自我调整，那么它的赢利能力就会不断受到削弱，往往会达到无法生存的地步。

在价格上竞争

要想让价格在市场上占据领先地位，你就要找到并利用所有可能的优势；你必须降低你的生产成本，这样你就可以给出最低的价格，同时仍能为买方提供足够的感知价值，并让你的企业保持利润。忠于最低价的客户往往只关注价格。他们不会因昂贵的产品中添加了花里胡哨的修饰而动摇。但是这样的企业在面对价格更低的竞争对手时，就很容易受到影响。竞争激烈的航空业就出现过几个案例。

最早采用低价策略的其中一家跨大西洋航空企业是英国的莱克航空公司（Laker Airways），该企业在伦敦和纽约之间提供廉价的"空中列车"服务。该服务于 1977 年推出，并迅速吸引了一批忠实的国际旅客。"空中列车"的价格有时是竞争对手的一半，但在推出的第一年，它仍然创造了约 1200 万美元的利润（以今天的美元价值计算）。但莱克航空公司的竞争对手是财力更雄厚、规模更大的航空企业。1981 年 10 月，泛美航空公司（Pan Am）、英国航空公司（British Airways）和环球航空（TWA）都与"空中列车"航线展开了竞争，它们大幅削减了跨大西洋航班经济舱的票价。几天之内，"空中列车"就失去了一半的乘客。4个月后，莱克航空公司破产。来得容易，去得也容易。你在采取低价策略时，要记住，客户忠诚度，毫不夸张地说，是有代价的。如果当前或未来进入你所在的品类市场的企业可以轻易地压低你的价格，你就无法保持这种低价优势。

莱克建立了一个竞争对手很难复制的成本结构，但它的竞争对手并不需要复制。泛美航空公司、英国航空公司和环球航空公司的规模让它们有能力给出与莱克航空公司相当的价格，哪怕会在某些航线上亏损，但它们可以坚持到莱克航空公司被赶出市场。不过事实并非总是如此。也有许多企业成功地开发了独特的成本结构，从而获得了持续性的优势，比如德国的奥乐齐（Aldi）超市、瑞典的宜家家居、韩国的无品牌（No Brand）、西班牙的飒拉（Zara）时装、法国的Fl酒店、土耳其的零售商BIM以及美国的沃尔玛、戴尔和丝华芙（Suave）等。甚至医疗保健行业也有通过低成本占据优势的品牌，如以色列的梯瓦制药（Teva Pharmaceuticals）、瑞典的艾莎维尔（Exavir）艾滋病病毒载量检测公司、印度的阿文德（Ara-vind）眼科医院和泰国的医疗度假胜地康民国际医院（Bumrungrad）等。

如果你确实找到了一种方法可以生产作为低成本替代品的产品，不要止步于此，利用这一优势，想办法不增加产品成本或价格的同时还能提供更高的价值。这有助于培养更深层次的忠诚度。西南航空公司（Southwest Airlines）在美国低成本航空领域就做到了这一点。1971 年西南航空公司成立时，只执飞得克萨斯州的达拉斯、休斯敦和圣安东尼奥之间的航班。到 20 世纪 90 年代，西南航空公司已经有了从美国东海岸到西海岸的航班。随着西南航空公司航线的扩张，它稳步从提供十足成本价的航空公司手中夺取市场份额，但几乎没有让出任何市场份额。这主要是因为它的价格比竞争对手低得多，但西南航空公司找到了一种方法，能够在不增加成本的情况下提供更多的价值。它通过其品牌做到了这一点。西南航空公司树立了一个比所有美国竞争对手都更人性化的品牌形象。这种身份被内化并通过其价格、政策以及最重要的——员工表达出来。如果你乘坐过西南航空公司的航班，你就会注意到，虽然机舱可能"没有装饰"，但服务却绝非如此。与其他航空公司相比，西南航空公司的机组人员显然更友好，在飞机上营造了一种更热情的氛围。事实上，他们的空乘人员在 YouTube 上的工作视频经常在网络上疯传。这种附加的品牌个性并不能完全保护他们免受其他低成本竞争对手的影响，但塑造这种个性也不需要太多成本，且可以减弱来自低成本竞争对手所带来的不良影响。西南航空公司第一次面临这样的竞争挑战是在 2000 年，当时捷蓝航空公司（JetBlue）进入市场，其成本比西南航空公司低 25% 左右，这让它可以给出更低的价格。西南航空公司当时流失了一些业务，但保住了自己的地位。到 2018 年，西南航空公司不仅成为美国客流量最大的国内航空公司，还在君迪（JD Power）的低成本航空公司客户满意度排名中名列第一。

差异化竞争

特斯拉在 2008 年推出第一辆汽车时，它不是有一点不同，而是有很多不同。这种差异化并不仅限于这一事实：它的首发产品是世界上唯一一款高性能电动豪华跑车。无论好坏，该企业所做的一切都偏离了汽车行业的惯例，从直接面向客户开设的展厅、不可议价的规定，到创新的电池和制造技术，再到首席执行官的滑稽行为，特斯拉没有遵循任何传统，包括其业绩。2020 年 7 月 1 日，距特斯拉发布第一款车型仅 12 年，它就超过了有 83 年历史的丰田，成为世界上最有价值的汽车制造商之一，市值达 2070 亿美元。

如果你选择不在价格上竞争，那么你可以采取差异化战略。为了保持优势，这种差异化应该很明显，让竞争对手很难复制。要确保这一点，有一种方法是利用企业独特的优势组合来提供差异化服务。拥有更优秀的差异化产品可以让你以更高的价格出售。溢价的多少取决于产品被感知到的差异化程度，以及买家感知到的差异化所具有的价值。

好的战略，就像好的企业一样，往往要有明确的优先次序。占据核心地位的，就是如何利用波特的通用战略帮助你参与国外市场的竞争。降低成本和提供更好的产品体验往往是相互矛盾的。两者都很重要，但波特认为，企业需要决定哪一个对他们更重要，然后采取相应的战略。

你不应该追求价格战略和差异化战略之间的中间地带，然后被视为"价格稍低"或"有点不同"。想要同时拥有这两种对立的力量就意味着没有明确的优先级。这往往会使企业陷入战略中间地带，无法创造价值优势，既无法实现价格差异化，也无法实现产品差异化。在这种情况下，与他人竞争就是一种折磨，要面临的风险更大，得到的回报却更低。波特的研究表明，尽管处于中间位置的品牌利润较低，但这是大多数企业最终的归宿。值得思考的是，为什么会出现这种情况以及你的品牌离中间地带有多近。

选择低价战略并不意味着你可以忽略你的产品。同样，选择差异化战略也不意味着你可以忽略价格。只是当这两个因素发生冲突需要你做出决定时，你要根据所选择的战略，优先考虑价格或产品。比如，每个企业都希望降低成本，但采用价格战略的企业可能希望投资于专有的人工智能（AI）和机器人技术，从而降低生产成本，它可能不太关心是否要通过开发新的专有功能来获得对竞争对手的优势。同样，每家企业都必须对其产品保持一定的标准，但差异化战略企业会希望投资开发竞争对手无法复制的产品，并且可能不太愿意将这种水平的资源投入到降低生产成本上。

本书的剩余部分将致力于帮助你找到新的方法，使你的品牌在国外市场上与众不同，从而为你的产品增加价值。最后一部分是关键所在。仅为了差异化而差异化，却不提高价值不会让你走得太远。从这个意义上说，你并没有真正在差异化上竞争，你只是在价值上竞争。

关于战略的最后一点说明

波特的著作《竞争战略》至今已有 40 多年历史，仍然是许多工商管理硕士（MBA）课程的必读书目。这使得它成为讨论战略的一个很好的出发点。然而，关于这一主题的思考是伴随着其他框架发展起来的，比如杰恩·巴尼（Jay Barney）推广的资源基础观。如今，波特的观点经常被批评为无法跟上时代快速变化的步伐，没有充分考虑买方，也没有跟上互联网和全球化带来的新的市场现实。我不会对这些局限性提出异议，但我也不会把这些局限性作为推翻波特的观察或结论的依据。他用于评估行业和制定基本战略决策的模型仍然是你可以使用的最有用、最受支持的工具之一。与 40 年前不同的是，如今越来越多的企业跨越多个行业开展业务。挑战和机遇可能来自你所在的行业之外。比如，如今的达美乐（Domino）比萨认为自己是一家科技企业。因为它意识到自己的核心产品——比萨几乎可以被任何人复制。21 世纪初，在全球比萨专营店陷入衰退时，达美乐通过改进比萨配方，并利用与订购和配送相关的信息技术，上演了一场令人印象深刻的东山再起。它让订购比萨变得更加容易，从而提升了品牌价值。它不再只在比萨上竞争，而是越来越多地在围绕它的技术进行竞争。

在波特的作品中，我遇到的最常见的问题与价值和视角有关。我希望看到买方的看法能在他的作品中发挥更大的作用。波特的价值链模型的巧妙之处在于，它系统地分解了企业的主要价值生产活动（入境物流、运营、出境物流、营销和销售、服务）和支持活动（企业基础设施、人力资源管理、技术开发、采购），展示了它们如何相互作用，为企业的产品增加价值。波特承认，一家企业的价值链存在于一个更广泛的价值体系中，它必须融入买方的价值链。这样就完美了。

线性价值链的概念正如波特所设想的那样，提供了一种"系统的方法来检查企业执行的所有活动以及它们如何相互作用"，从而产生价值、收益和利润。然而，从一个从业者的角度来看，我发现从循环而非线性的角度来考虑价值更有成效。

在图 10-2 所示的价值循环中，创造价值的过程并不是从卖方开始的，而是从买方开始的。更确切地说，是从买方的需求、选择、感知和价值要求开始的。如果一家企业能更好地理解这些因素，那么它就能利用这些见解，专注于自己的价值生产活动，就会更有优势。在这个循环模型中，企业产品的每一次迭代都被视为最好地满足购买者的价值需求而做的假设，产品进入市场的过程也被视为一种实验。一旦产品发布，企业就会重新审视自己的产品，将其与买方的其他选择相比较，看看产品在多大程度上满足了买方的价值需求。由于买方的需求和竞争对手的产品都在不断变化，所以这个过程没有终点。这也是一个反馈循环，使企业的价值生产机制与它所服务的市场的需求保持一致。

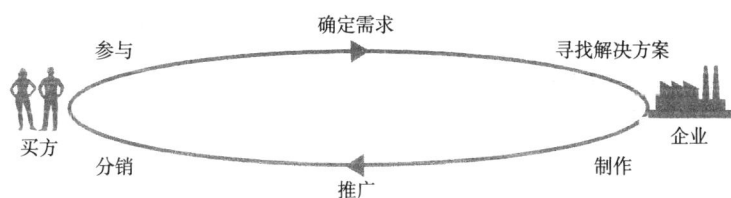

图 10-2　价值循环

总结

大多数企业进入国外市场是因为他们发现了眼前的销售机会。但是，随着时间的推移，创造可持续利润和建立品牌资产的机会呢？若以此为重点就意味着要超越战术，制定连贯一致的战略来管理影响利润和品牌资产的因素，以战胜当地品牌。当地品牌可能为你的产品的到来做好了准备，但很可能没有准备好迎接一个精心构思的营销战略。这就要求你评估推动行业利润的竞争力量以及它们如何受到当地市场、竞争对手和买方的影响。你还需要对自己企业相对于当地竞争对手的优势和劣势进行坦率的评估。

第十一章
建立品牌资产

建立品牌资产的机制

在瑞典斯德哥尔摩音乐厅的后面有一个巨大的鹅卵石广场，叫作赫广场（Hotorget）。白天，广场上有一个露天市场。我位于斯德哥尔摩的第一个办公室就在这个广场附近。在阳光明媚的日子里，我经常坐在音乐厅的台阶上吃午饭，从那里可以俯瞰整个广场。

一个春天的下午，两个街头小贩引起了我的注意。他们只隔着两个摊位，却卖着完全一样的水果、蔬菜和鲜花。两个摊位一模一样，标价也一样。就连两个摊主的长相也很相似。不过有一点不同。左边的摊主笑容更多，与客人交谈更多，似乎知道一些人的名字，总体上表现得外向友好。右边的摊主看上去和蔼有礼，但笑得比较少，也不太引人注意。

在大约 20 分钟的时间里，我数了数两个摊位各自完成的交易数。在一个纯粹受理性支配的市场上，两人完成的业务量应该是完全相同的。事实上，右边的摊主生意应该更好，因为他位于街角，人流量更大，而且由于他不和人聊天，有能力接待更多顾客。左边那位表现友好的摊主有 15 笔交易，而右边那位摊主只有 8 笔交易。许多顾客从街角的摊位前走过，特意去和这位友好的摊主做生意。

显然，这是一次随意的观察，不是一组对照试验，但引发了我的思考。那次午休事件使我读到的有关情感和购买决定的研究变得清晰起来，还帮助我理解了积极的品牌资产在竞争激烈的市场上所具有的优势。

左边的摊主是他所销售产品的活招牌，非常讨人喜欢。这为他的产品增加了价值，使他将自己的产品和市场上其他人的区分开来。他不仅是在做销售。随着每笔交易的进行，他也在提高未来产生交易的概率。他在建立品牌资产，并以此让顾客对他的苹果、青豆和雏菊产生了偏好，尽管这些产品与他周围其他几十个摊位上出售的产品一模一样。

品牌管理和品牌资产

牛津词典将品牌资产定义为："来自消费者对特定产品或服务品牌名称的认知，而不是产品或服务本身的商业价值。"如果我们都认同发展品牌资产对你的企业来说是一项有价值的投资，那么我们必须清楚我们如何创造品牌资产、它的组成部分是什么、与创造该价值相关的管理目标是什么。这些都是从业者在实践层面上要处理的问题。

在寻求这些问题的答案时，好像并不缺少品牌资产模型，经过快速调查我们可以发现有很多选择。我发现，这些模型大多过于笼统、过于理论化或过于复杂，不适合实际使用。营销名人的模型虽然有助于阐明品牌资产的定义，但不一定能说明如何创造品牌资产。

这就是为什么我在 2000 年为我的团队开发了 。它采用了以客户为中心的品牌资产观点，描绘了获得和留住买方必须解决的 10 个营销挑战。这个模型从消费者的角度出发，遵循一系列消费者认为必须满足的条件，以增加他们试用、重复购买及拥护产品的概率。作为营销人员，我们的工作就是推进这一过程。这意味着我们要审视每一个挑战，找到潜在的障碍，并找出克服它们的方法。

在生物学中，克雷布斯循环是指细胞内将单糖转化为能量的过程。如果循环运行效率不高，它产生的能量就会减少，因为它无法转化身体产生的所有葡萄糖。在营销中，达菲品牌资产循环模型提供了如何将你提供的价值转化为收入的方法。如果管理得当，它将确保你的企业从它所创造的价值中获得最大收入。它还可以为你的品牌就如何创造更多价值这个问题给出重要提示。该模型概述了营销人员帮助潜在客户逐步通过的10个关卡。他们从顶部进入循环，经历不同的阶段，如果一切顺利，最后会留在客户循环中。每个潜在客户每到达一个关卡都会为你的品牌增加资产。

达菲品牌资产循环模型有助于解释：为什么没有营业利润的企业品牌仍然可以获得高估值。吸引潜在买方进入这个循环并让他们通过每一个关卡，需要时间和投资。比如，仅是在一个细分市场中获得数百万人的认识和了解，可能并不能带来一笔销售，但是一项耗费时间和成本的工作，失败的风险也相当高。即使企业还没有实现赢利，一个品牌能走到这一步也是有价值的。

这个模型帮助我们向企业解释了，品牌资产是如何随着时间的推移由客户建立起来的。使用该模型可以让大家清晰地理解营销战略目标，以及这些目标与销售和战略的关系。它为营销从业人员提供了一个操作框架，还为我们提供了可以日常使用的工作词汇。

让你的净推荐值更具参考价值

采用买方视角是进入国外市场最具挑战性的其中一点，也是最重要的一点，因为最终决定你品牌命运的是买方。这个模型旨在为你提供一个概念性框架，确保你与你所服务的市场保持同步。它将品牌资产定义为一个品牌在一个确定的目标群体中获得的相关度、认知度、了解度、兴趣度、信任度、尝试度、信念度、喜爱度、忠诚度和宣传度。

如何判断这个循环是否在有效运行？和任何系统一样，你可以检查其输出。对于克雷布斯循环，其输出是以三磷酸腺苷（ATP）来衡量的能量。对于达菲品牌资产循环模型，其输出是以净推荐值（NPS）来衡量的品牌拥护度。

品牌推广者是那些称自己会向朋友或同事推荐某个品牌的人。这一点很容易通过调查一个问题来衡量："你向朋友或同事推荐我们的企业（或产品、服务）的可能性有多大？"根据推广者、批评者和被动客户的比例，这项调查的结果可用来生成品牌的净推荐值。研究已经证明了这一得分与企业收入增长之间的相关性。这使得净推荐值已经成为使用最广泛的商业指标之一。

贝恩公司（Bain & Company）的弗雷德里克·F.莱赫尔德（Frederick F. Reichheld）在他关于净推荐值的文章中总结道："这个数字很简单，但很重要。"可能确实是这样，但净推荐值的批评者很快指出，净推荐值很容易被操纵，比如，用一些机制鼓励买家给出积极的评价。和所有指标一样，净推荐值也必须采取保障措施，以确保其测量的诚信度。净推荐值更大的问题是，它没有告诉我们为什么我们的品牌会得到这样的分数，或者我们可以做些什么来提高分值。

影响净推荐值得分的运营驱动因素是什么？如果我们知道，那么我们就可以利用这些因素来提高我们的分数，并在出现问题时进行故障排除。我认为有9个关键因素能增加推广者、减少诋毁者。那就是推广之前的9个关卡。这样，达菲品牌资产循环模型就可以作为一个诊断框架，来提高并管理你的净推荐值以及你的品牌在国内外的发展前景。

建立品牌资产的过程：彩富思（CrayOffs）的案例

我想通过这个模型来说明达菲品牌资产循环模型是如何运作的（见图11-1）。我将以一个虚构的儿童蜡笔品牌"CrayOffs"为例。这个品牌的价值主张是它们的蜡笔在任何物体表面留下的印记用湿布就可以擦拭掉。我们的研究告诉我们，在我们正在进入的市场中，妈妈们倾向于购买这种蜡笔，所以我们决定以她们为目标。为了帮助证明这一观点，我在循环模型的每个点上都加入了反映目标受众观点的引语。

在这个模型中，潜在客户从顶部进入循环。营销的目标

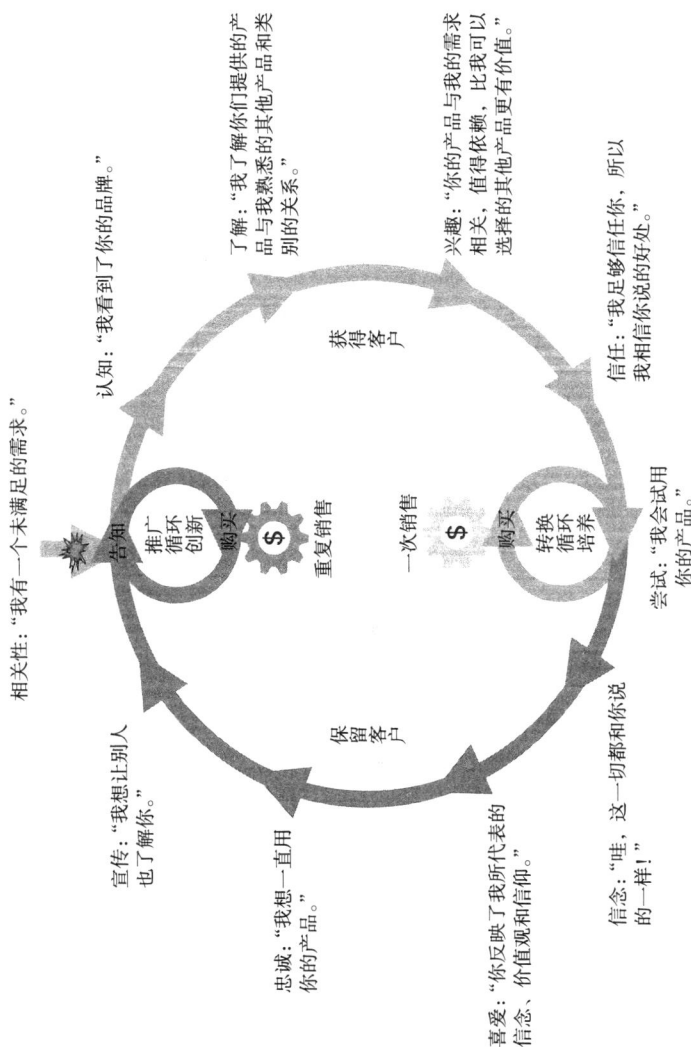

图 11-1　达菲品牌资产循环模型（从消费者视角建立模型）

相关性："我有一个未满足的需求。"

认知："我看到了你的品牌。"

了解："我了解你们提供的产品与我熟悉的其他产品和类别的关系。"

兴趣："你的产品与我的需求相关，值得依赖，比我可以选择的其他产品更有价值。"

信任："我足够信任你，所以我相信你说的好处。"

尝试："我会试用你的产品。"

信念："哇，这一切都和你说的一样！"

喜爱："你反映了我所代表的信念、价值观和信仰。"

忠诚："我想一直用你的产品。"

宣传："我想让别人也了解你。"

获得客户

保留客户

推广循环创新

转换循环培养

告知

购买

重复销售

一次销售

购买

是保持潜在客户和现有客户的流动，并在推广循环中尽可能留住更多的人。下面将对每个阶段进行描述。

1. 相关性

价值不是存在于真空中，而是与消费者的需求有关。市场上一个未被满足的需求就像一个盘绕的弹簧，满载着潜在的经济能量，等待着营销人员将其释放出来。品牌资产循环以这种需求为起点。具体来说，它是从一个健全的市场诊断开始，确定潜在买方，探索他们的习惯和认知，识别市场上未被满足的需求，并绘制竞争对手的弱点。这通常是通过虚拟和实地研究相结合的方式来完成的。这有助于我们确定相对于竞争品牌，对我们产品需求最强的市场细分领域，也就是相关性最强的部分。在这种情况下，幼儿的母亲就可以被确定为目标。虽然此时我们已经选定了她们，但她们还不知道我们的品牌。

要通过这个关卡，就需要你已经确定的潜在客户有一个与你相关的需求未被满足，比如，"我想让我的孩子画画，但问题是他在墙上乱涂乱画，不容易擦掉"。

2. 认知

仅让人们看到你的品牌，在如今的媒体环境下，都不是一件容易的事。你最好是通过公共关系和广告计划之间的协调努力来实现，比如，通过发布自己的内容来吸引他人在线搜索，通过网络社交来增加曝光，扩充邮件列表，增加投资赞助，植入产品，其他品牌合作。认知度是推动整个循环的引擎之一，连同它的先驱——话语权一起，让整个循环不断向前发展。这也使得它成为循环中最需要解决的其中一个点。

顾客在接触到这个品牌时，就会通过这个关卡，这个品牌也会在他们心中留下印象，比如，"我记得在一个横幅广告中看到了 CrayOffs 的标志，但我不知道它是什么品牌。我想可能和儿童艺术有关吧"。

3. 了解

在你吸引了潜在客户的注意力之后，下一个难关是得到他们的了解。这就需要营销人员从买方视角看问题。克莱顿·克里斯滕森（Clayton Christensen）认为，消费者购买产品是为了完成他们需要完成的某些工作。了解你的产品就意味着潜在客户清楚地知道你的产品可以为他们完成什么工作，以及你的产品如何与他们现有的产品类别相匹配。这一步看似简单，但是是许多从一开始就拥有高知名度的品牌的败笔，比如赛格威（Segway）、苹果牛顿（Apple Newton）和谷歌＋（Google+）。人们对产品的了解与他们脑海中已经存在的产品类别图景有关。如果他们无法将你的产品归入这些现有的类别之中，或者至少不能理解它与这些类别的关系，那么他们就会放弃了解你的产品。因此，无论你是进入一个现有的品类，还是寻求创建一个新的品类，了解你的目标客户现有的品类图景至关重要。其他因素，如名称、包装、语气和方式，以及视觉形象，也为潜在客户了解品牌提供了重要线索。

要通过这个关卡，你必须让客户了解这个品牌属于哪个类别，比如，"我知道了，CrayOffs 是一个儿童蜡笔品牌，就像我给我的小孩买的绘儿乐（Crayola）蜡笔一样"。

4. 兴趣

到了这里，假设你的目标客户了解你的产品了。很好。现在你需要勾起他们的兴趣。毕竟，市场上还有其他品牌。要引起他们的兴趣，你的产品需要与潜在客户需要完成的工作相关，还要让人喜欢、让人信赖，并且与其他可选的产品不同。在这里，你是在做价值上的竞争。要做到这一点，你需要真正了解目标客户，了解他们的信念和看法。你必须知道他们还有哪些其他选择能满足他们的需求，这样你就可以确保你的产品相对于其他选择处于有利地位。如果你把这些都做好了，那么你一定会引起他们的兴趣。

一个品牌的价值主张、支撑点、个性和定位都有助于引起人们的兴趣。大多数产品都有至少十几个有效的点，可以用来说服潜在客户，让他们相信自己的价值，但你只能先说一件事，所以要仔细选择。以 CrayOffs 为例，该产品有许多卖点：它们是唯一一种 100% 可持续生产的蜡笔，使用的是来自有机蜂箱的蜂蜡，可溶于水，颜色更鲜艳，100% 无毒，产品售出可以为南美洲各地的土著部落增加收入，1% 的销售额将被用于资助城市教育和艺术活动。从所有这些点中，我们虚构的品牌所有者基于"水溶性"这个特点，选择了"易清洗"作为价值主张。在可以宣传的所有属性中，他们觉得这一点在试用前最能引起人们的兴趣，在试用后最能收获人们的信任。一旦确定了这一点，CrayOffs 就必须以某种方式传递这个价值主张，让目标消费者既从直觉上喜欢该品牌，又相信品牌的宣传至少是可信的。

对许多品牌来说，引起目标客户的兴趣是最困难的关卡之一，往往是因为其产品有几十种功能和好处，企业很难缩小产品的重点。这里有一个小练习，让你可以找准产品重心。

（1）列出你的产品的所有特点、好处及其他的价值。

（2）现在问问自己，在这些要点中，有哪些已知是竞争对手也具备的，把它们都从你的清单上画掉。

（3）剩下的要点中哪些是目标客户真正想要的？他们最看重哪一个？保留这些点，把其他的画掉。请记住，无论你自认为多么了解你的买方，你都没有资格回答这个问题。只有买方有资格，所以要去问他们。

（4）最终留下的这几个要点中，哪些会使你的品牌成为同类中最好的，或者至少是无法超越的？你能保持这种领先优势吗？

最后剩下的就是你的竞争对手不具备而你可能最擅长的东西。这是你的品牌价值所在。不是所有你可持续的独特优势都能得到买方的同等重视，也不是所有的优势都足够强大到可以与竞争对手品牌相抗衡。深入挖掘买方的优先需求，根据他们最看重的东西和你的品牌比竞争对手更具价值的地方来制定你的战略。

要通过这个关卡，潜在客户应该能够根据品牌与他们相关且可信的价值主张，将你的品牌与同类其他品牌区分开来，比如，"这很有趣，CrayOffs 的蜡笔是水溶性的，所以很容易洗掉，特别是墙上的印记。其他蜡笔做不到这一点"。

5. 信任

目标客户可能对产品感兴趣，但他们会信任产品吗？信任来之不易，但可以通过几种方式来赢得。信任始于品牌给人留下的第一印象，这是品牌身份和形象的一部分。此时任何危险信号都可能导致潜在客户退出循环。最重要的是，品牌应该争取尽可能多地被目标客户看到，无论是线上还是线下。如果再加上一个有说服力的品牌故事和管理良好的声誉，单凭熟悉感就能随着时间的推移赢得信任。但即使你赢得了这几点，买方也不会简单地就相信卖方的话，认为产品有多好。他们希望得到第三方的验证。达到这一目的的最好方法就是让已经获得目标客户信任的人来为你的品牌背书。在这方面，互联网提供了大量的机会，比如朋友、网红、评分网站、书刊等的推荐。营销人员应该通过适当的在线监测和网络战略来管理他们在网络上获得的推荐。

如果客户对这个品牌足够信任，就会相信品牌所说的好处，比如，"我的孩子在咬他的蜡笔。虽然这些蜡笔是由有机蜂蜡制成的，我还是想知道它们是否安全，我在职场妈妈博客上看到了一些正面的评论，还看到我孩子的儿科医生在 Facebook 上推荐了这个品牌。那我认为 CrayOffs 蜡笔是安全的"。

6. 尝试

这个关卡很关键。潜在客户有兴趣购买，但产品是否容易买到？价格是否与承诺的价值一致？你的定价策略会回答这些问题。值得注意的是，虽然我们都知道产品定价过高有风险，但如果定价过低又与你声称提供的价值不一致，也会把你的目标客户赶跑。你选择的销售点应该能让你的目标客户容易接触到你的产品，但也应该能加强你的品牌形象。

底线是，你的产品必须符合目标客户的价值等式和期望。

也就是说，你必须在他们得到的东西和他们付出的东西之间取得适当的平衡。至于目标客户能得到什么，你要在产品的这3个方面都提供价值：核心产品、有形的增值功能和无形的增值关联。等式的另一边是目标客户需要付出什么才能获得你的产品。除了定价策略之外，你还要考虑整体的购买成本。比如，订购你的产品是否很麻烦？能否改进产品的购买地点或方式，来消除这些麻烦？

潜在客户在购买产品时，就会经过这个关卡，比如，"我在沃尔玛看到这种蜡笔，它们的价格和普通蜡笔差不多，所以我给我的孩子买了一包"。

在许多情况下，潜在客户可能会对产品产生信任，但由于各种原因，可能还没有准备好购买。在我们的 CrayOffs 案例中，可能是妈妈最近又买了一包蜡笔，想等这些蜡笔用完再买。这些还没有准备好购买的潜在客户会保留在转换循环中。这时，你可以通过保持品牌知名度、维持他们的兴趣、增加熟悉度来培养这些客户，直到他们准备购买。潜在客户通常会受到品牌鼓励，请求提供他们的电子邮件地址，然后通过电子邮件活动进行培养。

7. 信念

尝试一种产品并不意味着喜欢它。第一次销售真正结束是在买家达到一种信念时，这种信念的基础是产品在多大程度上实现了卖方在销售前创造的预期。这就是为什么一个有针对性的价值主张和关键要点是如此重要。你可以在其他方面提供足够的服务，但你应该努力在你的价值主张方面让潜在客户大吃一惊。如果你在这方面赢得了客户的心，你就为一段持久而有益的关系打开了大门。你要让客户产生热情的信念需要与产品开发部门持续沟通，并利用好定期的用户测试。在我们的案例中，CrayOffs 有一个非常明显的价值主张。当买方第一次轻松地擦掉墙上的蜡笔痕迹时，他们就相信了这个品牌，即使这个产品还有其他缺点。这巩固了他们对产品的信任，并对该品牌提出的所有其他主张产生了光环效应，为进一步发展关系打开了大门。

当客户根据他们对产品的经验得出结论，认为该品牌实现了其价值主张时，他们就通过了这个关卡，比如，"哇，CrayOffs 真的像他们承诺的那样有效！蜡笔痕迹直接从墙上被擦掉了"。

8. 喜爱

买方不希望每次购买产品都要先评估一系列品牌，这样太麻烦了。大多数情况下，他们更愿意为给定的品类选择一个品牌，然后就此打住，直到他们有理由考虑更换产品。这就是为什么，如果你通过了信念这一关，那么潜在客户很有可能还会寻找其他喜欢你品牌的理由。比如，他们可能会看一下品牌的网站，看看这个品牌是什么样的。这时不要让他们失望。这就是品牌标志中所有软性部分发挥作用的地方。理想情况下，你的品牌应该反映出目标客户所认同或渴望的信仰、价值观和信念。重要的是，要确保你的品牌标志有明确的品牌价值、相应的理由以及与行为相一致，从而帮助品牌巩固与客户的关系，并与他们建立一种密切的联系。

许多企业在制定市场战略时都会犯一个错误，那就是以他们的价值观和社会责任为导向。虽然如今在许多领域，这些内容已不再有区别。但问题在于，在循环中过早地强调这一点（比如你的价值主张或立场）可能会妨碍人们理解及产生兴趣。这会掩盖你的品牌与客户的相关性，也会掩盖潜在买方想要满足的更直接的需求。

在这个关卡，潜在买方会寻找喜欢这个品牌的理由。当他们觉得这个品牌与他们的信仰、价值观和信念一致时，他们就会通过这个关卡，比如，"这个品牌真的很了解我。他们和我一样，喜欢教育和艺术。我们有很多共同之处"。

9. 忠诚

到了忠诚度阶段，潜在客户即为客户。他们已经决定不再花精力寻找其他产品，现在只要你不让他们失望，他们就愿意继续停留在购买循环中。保持忠诚度与维护当事人当初选择品牌的原因有很大关系。这涉及购买者在购买过程中和购买后在各个方面的体验，比如质量控制、分销（易于获得产品）、客户支持和价值强化。

为了维持忠诚度，你要从买方获得产品和使用产品的过程中寻找影响他们体验的摩擦点。这种摩擦会消磨忠诚度。出现摩擦的可能是一些很容易被忽视的、细微的东西，比如，网站页面加载缓慢，包装很难打开，或者客户服务时间对客户来说不方便。就其本身而言，这些通常不会破坏交易，但随着时间的推移，它们会消耗忠诚度，让你的买方更容易接受其他有竞争力的产品。

当客户不再积极寻找其他产品时，他们就会通过这个关卡，因为你的品牌提供了足够的价值，而且是同类中价值最高的，所以他们感到满意了，比如，"从现在开始，CrayOffs 是我和我的孩子唯一会选择的蜡笔品牌"。

10. 宣传

在互联网出现之前，将自己对品牌的忠诚度口口相传是客户能为企业提供的最高形式的宣传。今天，我们可以更进一步了。宣传，就是想要公开认同这个品牌，并把它推荐给其他人。现在，口口相传已经不是什么新鲜事了，如今在网络上的普通成年客户人数巨大，他们在网上说几句好话就可以为你的营销计划带来巨大的价值。从这个意义上说，你的客户是你品牌的一个强大的媒体渠道。这不仅因为他们为你的品牌提高了认知度，更因为他们可以通过一条动态，就让他们的朋友由反对者转为粉丝。

事实上，人们发现，对于大多数企业来说，宣传本身就是唯一最可靠的增长预测指标。莱赫尔德在他 2003 年里程碑式的论文《你需要增长的一个数字》（*The One Number You Need to Grow*）中，通过对 4000 多名客户的研究，量化了宣传者的重要性。他的工作证明了一个品牌可以培养的宣传者数量与其销售增长之间的密切相关性。你可能知道这项研究的结果就是净推荐值。从本质上讲，净推荐值是衡量你的品牌在宣传方面表现如何的一项指标。莱赫尔德承认，除了买方推荐品牌的意愿外，还有其他因素影响销售增长。然而，他对品牌宣传的研究让他得出结论："虽然品牌宣传不能保证销售增长，但总体而言，没有品牌宣传就无法实现赢利性增长。"

一些品牌宣传者可能会私下或通过他们自己的网络平台进行宣传，但即使他们不这样做，他们推荐你的品牌的意愿（即使他们不采取行动）也是净推荐值衡量的标准。这就是为什么它是一项比实际的在线曝光更精准的宣传手段，并且应该被用作宣传的最终手段。

话虽如此，如果品牌的宣传者真的站出来，为品牌向家人、朋友和粉丝做担保，这通常对品牌是有利的，比如"我很高兴我发现了 CrayOffs 这个品牌。它们是最适合幼儿的蜡笔之一"。营销人员也有很多方法可以在网上激励这种行为，比如推广活动、动态监测、迅速回应计划和坚实的社交媒体网络策略。这些策略可以诱使那些已经有想法进行宣传的人公开支持品牌，比如，"我在 CrayOffs 艺术竞赛网站上发布了我的孩子的墙壁涂鸦，并在图片流（Pinterest）和 Facebook 与我的朋友们分享，让他们为我的孩子的绘画投票"。

这种公开表达喜爱的前提是，该品牌能让人愿意在网上把自己和它联系在一起。这又回到了品牌标志和形象上，我们称之为品牌的社交货币，也就是目标人群希望与该品牌产生公开联系的程度。这往往是因为他们觉得这个品牌对他们有正面意义。

我们可以看到，许多奢侈品牌，如兰博基尼，都是由那些从未购买过产品，也很可能永远不会购买的人在网上宣传的。同样的道理，你可能会预料到，很少有买家会在网上宣传他们最喜欢的痔疮药物品牌，尽管他们可能会和亲密的朋友或家人分享。

当客户想要与该品牌建立联系时，他们就会通过宣传关卡，这一点从他们愿意与其他人分享这个品牌就可以看出。

这个循环的最终目的地是宣传循环，在这个循环中，企业收获并培养了越来越多的品牌宣传者，他们买了又讲，讲了又买，无休无止。他们宣传得越多，就能吸引更多的新客户进入这个循环。当然，在他们处于宣传循环的时候，你最好还是和他们保持沟通，但让他们留在循环里的真正关键是产品创新。

在这方面做得最好的企业会坚持定期创新，不断倾听市场的声音，然后不断改进他们的产品和服务。在这方面做得最好的例子之一大概就是苹果公司，它已经积累了规模非常大、参与度非常高的品牌宣传者群体之一。

如图 11-2 所示，买方和其他利益相关者不仅为企业贡献收入，也为品牌资产贡献价值。这是价值转移中一个重要但经常被忽视的方面。品牌是这种价值的储存器，但获取这种价值必须对品牌进行设置和管理。如果把品牌资产比作电力，那么品牌就是电池。你要正确地设置和管理品牌，从而获取并保留电量。没有这样设置品牌的企业可能会失去这种价值，或者永远不会在第一时间获得这种价值。

达菲品牌资产循环模型旨在说明消费者在从潜在客户转变为品牌宣传者的过程中，如何随着时间的推移为企业创造品牌资产。战略营销活动会识别潜在买家，然后简单地推动他们经过从相关性到宣传者的旅程，最大限度地提高这一过程中每一步的有效性。所有营销活动都应该直接推动从一个关卡到下一个关卡的流动，但有一点需要注意：你为让人们通过一个关卡所做的任何事情都不能给任何其他关卡造成堵塞（使人们更难通过）或泄漏（即目标客户退出）。例如，在你发布广告时使用一个怪异的图像可能会极大地提高知名度，但在之后的兴趣、信任、喜爱和宣传度方面会对品牌造成损害。

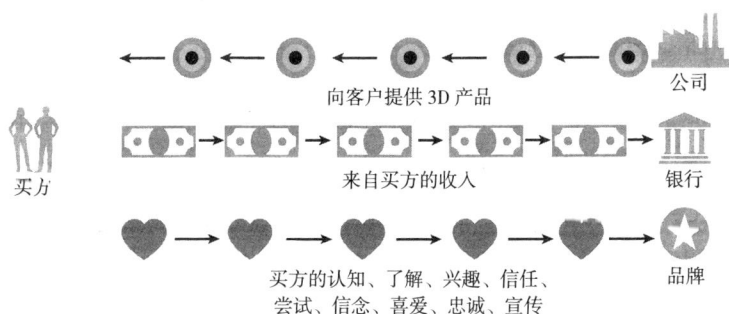

向客户提供 3D 产品　　　　公司

来自买方的收入　　　　银行

买方的认知、了解、兴趣、信任、
尝试、信念、喜爱、忠诚、宣传　　　品牌

买方

图 11-2　企业会从市场获得两种类型的价值，并应同时管理这两种价值

总结

就像拥挤市场上的摊主一样，你的品牌不需要为了在国外市场销售产品而对客户微笑，但如果你这样做了，你就有可能从客户那里获得更多的价值。以销售为中心的企业关注新市场，并会根据他们在新市场的销售能力来评估自己。战略营销人员则采用不同的方法。他们寻找有销量的市场，同时保持溢价，建立品牌资产，以确保每笔交易都能带来未来的销售额。

如果你的企业可以从这种方法中受益，那么达菲品牌资产循环模型就为你提供了一个实用的模型，你可以把它作为一个框架来规划、管理并诊断你的营销计划。通过衡量品牌资产循环的各个方面，我们可以评估营销对品牌资产的影响。比如，用净推荐值来衡量宣传可以让你了解你的品牌在你所服务的市场中的增长前景，对循环中其他方面进行衡量可以为你提供改善循环的建议。

如果管理得当，你的品牌不仅可以成为一个与众不同的商标，还可以作为一个容器，来捕捉到你努力创造的关联和价值。

SALE

第十二章
净感知价值

为赢利做准备

在前面的四章中，我提出了几个论点，尽管涉及成本和时间，我都支持企业在新市场建立一个强大的品牌。在这些理由中最重要的是赢利能力。商业顾问蒂姆·威廉姆斯（Tim Williams）在他的《为专业定位》（*Positioning for Professionals*）一书中指出，拥有提高价格的能力是确保赢利的最直接方式。他指出："利润主要是由价格驱动的，价格主要由品牌认知决定。这使得品牌建设成为商业成功的核心活动。"他的理由是，尽管投资建立品牌资产可能不会在短期内提振销售，但这些活动创造了条件，使品牌能够长期收取更高的价格。或者，套用菲利普·科特勒的话，如果你不是一个品牌，你就只是一件商品，那么你只能在价格上竞争。

归根结底，利润将决定你在国外市场营销努力的成败。如果当地竞争对手认识到这一点，认为你是一个威胁，他们往往会降低价格，以阻止你的品牌获得吸引力。在这种环境下，你如何在保持健康的利润率的同时又不让客户流失到低价竞争对手手中？此外，你又如何在抢占竞争对手市场份额的同时，收取比竞争对手更高的价格？在本章中，我们将看一看支撑营业利润的因素，以及你的营销活动如何对这些因素产生直接影响。

利润率是指减去所有其他财务成本后剩下的销售收入占总收入的百分比。为了增加这个百分比，我们可以提高销售额和（或）降低成本。这很容易理解，因为这是有形的：钱进，钱出。但还有第三个变量在起作用：价值。

从卖方的角度来看，价值通常等同于金钱。产品质量（生产者投入产品的成本）和价格是卖方衡量价值的首选指标。但这两者是不相干的。从买方的角度来看，对价值的理解要微妙得多，也尤为重要。字典将价值简单地定义为"相对价值"。营销人员的关键词是"相对"。它既不存在于产品中，也不存在于价格标签中。价值是你想要购买你产品的人做出的判断。鉴于此，即使价值一开始似乎无法量化，我也鼓励你去理解它。由于不同市场的买方对价值的要求可能非常不同，我也建议你在进入每个市场时重新思考价值。

如果高管们严格以现金为中心来衡量业务，就很容易忽视价值。这是有风险的，因为价值是决定每笔销售的唯一因素，也是对利润的最重要的贡献因素。

你要意识到每当有人购买你竞争对手的产品时，都是因为他们觉得对方比你的产品更有价值，这句话很清醒，也很令人沮丧。要注意，不是更好的质量，不是更低的价格，而是更高的价值。这就是市场的运作方式。价值是商业的引力，钱流向它，就像水流向水坑。就像地心引力一样，价值也很难被看到和定义，但这并不影响它的真实性。

价值的作用

即使我们看不到价值，我们也能轻易地看到它的影响。维持价格小幅上涨的能力所产生的利润，远远超过适度的产量增长或成本降低。在《价格优势》（*The Price Advantage*）一书中，两位作者指出："定价无疑是管理者能够影响的最敏感的利润杠杆。平均价格的微小变化都会转化为营业利润的巨大变化。"

这一结论已经被多次验证过了，足以令人信服。哈佛商学院对 2463 家企业进行的一项研究发现，在假设价格不下降的情况下，单位销量每增长 1%，营业利润平均就会增长

3.3%。但假设销量不下降，价格每上涨1%，营业利润平均会增长11.1%。这项研究发现，1%的价格上涨所产生的利润，也超过了可变成本和固定成本下降1%所产生的利润总和。作者举例说：一家耐用消费品企业提价2.5%，营业利润增加了近30%；一家工业设备制造商提价3%，营业利润增加了35%。麦肯锡的一项研究使用标准普尔综合1500指数，发现价格每上涨1%，这些企业的营业利润平均会增长8%。这一结果比可变成本下降1%高出50%，比销售额增长1%高出3倍以上。发表在《商业战略评论》（*Business Strategy Review*）上的一项研究显示，价格上涨2%将对10种不同类型的企业产生影响（见图12-1）。

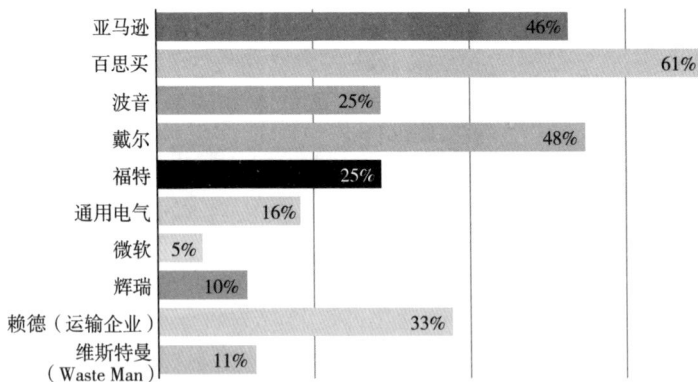

资料来源：A 汉特汉博（A Hinterhuber）和 M 波提尼（M Bertini）授权转载（2011）。

图 12-1　基于价格上涨 2% 的营业利润增加的百分比

利润率最低的企业营业利润增长高达 61%。作者表示，基于价值定价的目的是"使价格与产品真实、独特的价值，即客户关心的、竞争对手目前不具备的'东西'保持一致"。将这种方法应用到一个酸奶品牌上，他们的利润比预期增加了6 倍。

此处要面临的挑战是要提高品牌的感知价值，这样企业就可以收取更高的价格，而不会让客户流失到价格更低的竞争对手那里。在提高价格的同时扩大市场份额的能力是创造财富的秘诀，这种能力被称为"定价权"，是活跃的价值力量。定价权完全取决于市场感知到的产品或品牌的价值。在美国国会听证会上，投资者沃伦·巴菲特曾表示：

评估一家企业唯一且最重要的因素是定价权。如果你有能力提高价格而不被竞争对手抢走生意，那么你的生意就非常好。而如果你在提价 0.1 美分之前还得祈祷一番，那你的生意就糟透了。

从理论上讲，企业的每个人都在为企业的产品增加价值。但增加价值并不等同于创造价值。在一个企业中，价值从何而来？它不是来自首席财务官，虽然他们是与钱打交道的。首席财务官通过跟踪收入、保持成本稳定，以及处理企业因其提供的价值而赚取的现金来管理价值产生的结果。首席财务官不是销售团队，虽然他们与客户打交道。企业是由销售团队通过交易，帮助其将价值创造的需求转化为现金的。

价值创造来自买方的洞察力。这是战略营销的领域，也是首席营销官的责任，但他不能单独做到这一点。如上所述，价值是由企业的每个人创造的，并通过产品、价格、渠道和推广形成的营销组合传递给市场。唯一负责所有这些事情的人是首席执行官。通过了解潜在买方、竞争对手和市场状况，首席营销官可以确定企业需要创造什么价值来满足买家，并与竞争对手提供的价值竞争。然后，首席执行官和其他首席高管一起，让企业走上了生产这种价值并获得赢利的道路。

只有不到20%的企业报告称，他们是用这种方式来管理价值的。这种设置，或类似的设置，只会出现在以价值为导向的企业，价值管理将是首席营销官的主要关注点。在这样的企业里，首席营销官会将利润率视为企业可以创造的价值减去创造该价值的成本。他们将以价值为生命，并根据潜在的价值影响来衡量企业所做的每一个选择。对于读到这篇文章的人来说，好消息是，超过80%的竞争对手都存在价值盲点，而你可以利用这个盲点。

需要明确的是，我并不是建议企业放弃财务管理，转而采用价值管理。这不是一个非此即彼的选择。管理企业财务的重要性怎么强调都不为过，但作为收入和收益的先驱，价值也很重要。在谈判桌上，必须有人代表买方的利益，做出任何可能影响他们对企业产品价值看法的决定。更多的情况是，在中等规模的企业，价值甚至不被高级管理层承认，更不用说管理了。在这种环境下，企业很容易根据财务、研发、人力资源或其他优先事项做出决定，而这些决定会默默地侵蚀甚至破坏价值。将你的产品价值与竞争对手进行比较，可以为你提供一个比销售更有前瞻性的企业发展方向的指标。

在一个品类中创造稀缺性

定价权和稀缺性是相辅相成的。大多数产品的定价权都可以通过感知的稀缺性来增强。稀缺性甚至可以使一些卖方可以将价格提高 200% 以上，而且不乏认为产品有这种价值的买方。

你可以创造稀缺性，通过将你的产品差异化，让买方觉得它是独一无二的，并且不会满足于替代品。我们每个人都至少有一两个品牌让我们有这种强烈的感觉。它可能是你最喜欢的运动鞋、葡萄酒、洗发水、餐厅、舷外发动机、圆珠笔或牛仔裤品牌。关键是，当涉及那一类特定的商品时，只有一个品牌能满足你的价值要求。这就是稀缺性。一个品类里可能有 28 个竞争品牌，但在你眼里只有一个是可以接受的。

例如，几年前，我对一家名为托尼的巧克力联盟（Ton's Chocolonely）的荷兰糖果企业产生了相当非理性的忠诚。我第一次看到它的一款巧克力棒是在布鲁塞尔的一家杂货店里。单从包装上看，我就不得不尝试一下。对这个品牌了解得越多，就越喜欢。我不是一个巧克力狂热爱好者，事实上，我一般对巧克力都是漠不关心的，但这个品牌让我产生了兴趣，并帮助我培养了一种信念，即它是独一无二的。在盲品测试中，我确定我无法分辨出托尼巧克力和其他优质巧克力的区别。我怀疑我实际上是在消费品牌而不是产品本身，事实上，它的价格是货架上旁边大众市场巧克力的 2 倍，但这并不影响我的购买决定。在我看来，这两者是无法比较的。尽管从所有方面来看，它们的核心产品都是一样的。

尽管巧克力行业竞争激烈，由一些大型跨国企业主导，但这个糖果品牌的想法并不是雀巢或瑞士莲（Lindt）的营销部门想出来的。它是一位公平贸易倡导者在 2005 年出于必要而白手起家创立的企业，背后有一个引人注目的故事。在开始生产巧克力之前，企业创始人特恩·范·德·库肯（Teun van de Keuken）在荷兰一家法院指控政府对巧克力贸易中的暴行视而不见。库肯大胆的理念和特立独行让他创造的品牌形象熠熠发光。到 2018 年，Ton's Chocolonely 市场份额达到 19%，成为荷兰最大的巧克力品牌，超过了玛氏（Mars）和雀巢等大型跨国企业。

Ton's Chocolonely 的老板似乎明白，它通过其产品提供的价值超越了巧克力。他们注意到了这种价值，并非常用心地培养它。在写本书的时候，巧克力并不稀缺，我可以在亚马逊上买到至少 15 个品牌的公平贸易巧克力，但 Ton's Chocolonely 能够在巧克力棒这个品类中创造一种稀缺感，使品牌具有了定价权，因为有足够多的人认为没有其他品牌能与之相比。

在该企业 2019 年 11 月的年会上，一群投资者和品牌狂热爱好者挤满了阿姆斯特丹的文化公园（Westergasfabriek）。他们每人支付了 14 欧元（15 美元），结果被告知该企业的净利润为 0%，而且他们似乎热情地接受了这个消息。该企业首席执行官亨克·简·贝尔特曼（Henk Jan Beltman）还表示，他愿意为与竞争对手相同的可可支付比行业平均水平高出 60% 的价格，这样农民就可以赚到足够的生活费。尽管如此，Ton's Chocolonely 的巧克力仍然保持了 40% 的毛利润（同期雀巢的毛利润为 49%），销售额同比增长 26.5%。看来，就连投资者也认为，没有其他企业能与 Ton's Chocolonely 相媲美。

理解价值

高管们对不管理价值给出的理由是，他们很难理解或衡量价值。如果价值是利润的先驱，那么什么是价值的先驱呢？你在国内外的客户看重什么？一个企业如何知道在特定的市场需要产生什么样的价值，以及如何产生这些价值？这些问题都是值得思考的。先从第一个问题说起。

如果你的竞争对手能提供同样的价值，那这项价值就不会给你带来优势。所以你真正要创造的是专属于你的品牌的价值。这种价值的先驱是对买方的洞察力。如果不具备洞察买方的愿望、需求、看法、信念和承受度的能力，你就不可能拥有专有价值。

有些见解是显而易见的。比如，你不需要进行调查研究来确认人们是否希望他们的牛仔裤合身。如果你想卖牛仔裤，这是一个必须掌握的能力。但问题是，你的竞争对手也能发现这些明显的见解，并像你一样通过提供一系列尺码来创造类似的价值。如果你的任务是提供比竞争对手更多的价值，从而获得更高的价格，你就需要更深入地挖掘。你需要找出竞争对手忽略的需求。比如，你可能会想办法探究买方喜欢他们的牛仔裤如何合身，他们现在在买到合适的牛仔裤时遇到了什么问题，他们如何看待你的牛仔裤品牌与竞争对手的牛仔裤品牌的合身程度，他们对不同的牛仔裤品牌有什么感觉和联想。

为了获得这些见解，你需要能够从企业自上而下的视角中抽身出来。你需要从外向内理解事物的面貌，因为这是买方的视角。这是一个战略营销人员最基本的技能：能够把自己放在买方的立场上，接受他们的观点。这需要的不仅是人口统计信息和网站分析。这种类型的数据提供了关于买方的知识，其中大部分是你的对手也拥有的。对买方的洞察力是不同的。与其说这是知识，不如说它是种理解。独一无二的买家洞察力来自专注的同理心：理解和分享他人感受的能力。这里的"他人"，就是你希望购买你产品的人。

爱因斯坦曾说过："傻瓜都知道，关键是要理解。"但对于知识和理解之间的区别，米歇尔·保罗（Michel Paul）在趣答（Quora，在线问答网站）上给出了一个清晰的解释："知识是对某事的认识。理解是意识到为什么会这样或如何会这样。"这种不那么明显的洞察力来之不易。这就是为什么大多数中等规模的企业不会在这方面投资。但是，如果你的企业已经建立了优先级，能够始终在竞争对手之前获得"如何和为什么"，那么你将拥有持续创造独特价值所需的洞察力。这种独特价值可以让你获得更高的价格，更高的价格又可以赚取更多的利润。

这就需要一个不同类型的营销部门，其预算类型也不同于现在。许多首席执行官根据广告、网络内容和其他形式的产出来定义营销部门，然后为实现这一目标制定预算。但同样关键的是，该部门要有能力确保企业拥有对买方的可靠的洞察力。如果没有这一点，这个部门的许多产出将仅是"趣谈"，虽有助于保持知名度，但传达不了什么专有价值。持续获得有意义的洞察力所需的投资很少能在年度营销预算中获得资金支持。大多数营销部门所能做的最大的努力，就是游说高级管理层在市场研究方面进行断断续续的投资，但这两者并不是一回事。领导层需要优先考虑买方具体情况，然后将这些考虑加入营销部门的任务中，并相应地编入设定预算。

识别价值

在进入国外市场时，你会有很多事情要考虑——不同的法规、不同的语言、不同的文化、不同的竞争对手等，但在整个过程中，你的指路明灯应该是你的买方相对于其他选择的品牌，对你的品牌定义的价值。了解买方的价值要求从来都不是一件容易的事，但在国外市场竞争时更具挑战性，因为那里的买方用来评估你的产品的标准可能不在你的雷达范围内。

大多数人在听到价值时会想到价格标签，但感知价值并不是买方为了做决定而计算的数字。它是一个比率。从买方的角度来看，它由两个对立的因素组成："我所付出的"和"我所得到的"。等式两边任何一方的相对优势都是根据"我感觉我能为交易付出的"和"我感觉我想从交易中得到的"来衡量的。我在这里有意使用"感觉"这个词，因为这是买方的一种判断，而不是定量分析。

我发现把这两个因素放在一个天平上会很有帮助，如图12-2所示，左边是"我所付出的"，右边是"我所得到的"。营销的作用就是充分了解目标人群，从而知道什么对他们有利。哪个品牌能把天平向右倾斜得最多，就能给出最高的净感知价值，并赢得销售。

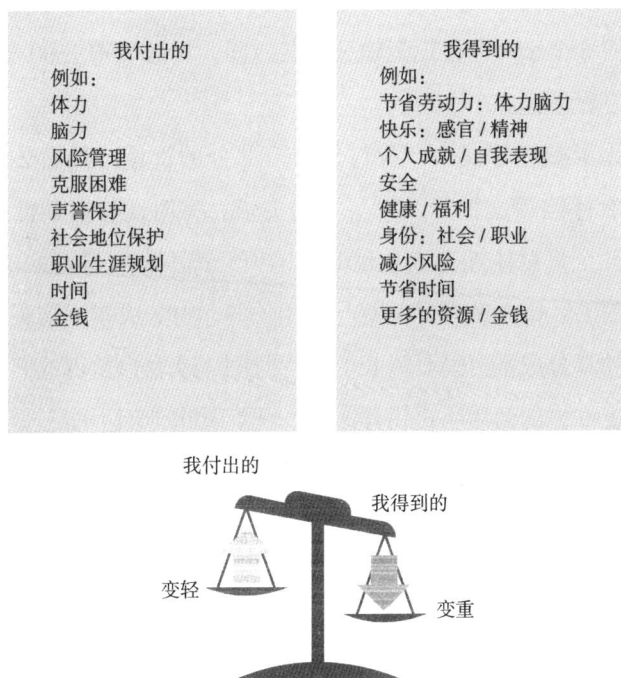

我付出的

例如：
体力
脑力
风险管理
克服困难
声誉保护
社会地位保护
职业生涯规划
时间
金钱

我得到的

例如：
节省劳动力：体力脑力
快乐：感官／精神
个人成就／自我表现
安全
健康／福利
身份：社会／职业
减少风险
节省时间
更多的资源／金钱

我付出的

我得到的

变轻

变重

图 12-2　净感知价值模型：人们用来评估你的产品价值的心理天平

　　左边的一方是根据潜在客户的资源或承受能力来评估的。这并不总是指金钱方面。比如，一位收入丰厚但时间紧迫的父母可能会把购买一件产品所需的时间看得比价格更重要。因此，他们可能会选择从当地家具店花 2000 美元买一个书柜，而不是到宜家花 400 美元买一个具有相同外观和耐用性的书柜。对于这类人来说，2000 美元的书柜比 400 美元的书柜更有价值。这是因为，在 400 美元之外，宜家的书柜还需要花费他们 6 个小时的往返运输和组装时间。比起节省 1600 美元，他们更看重这 6 个小时。

为了减轻等式中"我付出的"部分的重量，我们必须全面地看待购买这款产品对买方的要求。有时，价格最低的选项，甚至是总体拥有成本最低的选项，都不具有最好的价值。这是因为，每一款产品都有与之相关的非财务成本。购买你的产品的部分成本可能是漫长的交货时间，让客户觉得他们等不起。也许你的商店不提供停车位，他们觉得他们不能忍受这样的麻烦。也许你有一个低端品牌，他们觉得自己不想和这个品牌扯上关系。也许他们根本没听说过你的品牌，他们觉得自己承担不起这个风险。

你要记住，你为减轻"我付出的"一端的压力所做的一切都不会让天平平衡。你需要了解对目标客户来说什么是重要的，并寻找方法来降低他们的付出成本。要使你的方法产生效果，你需要找到与你的目标群体相关的方法。比如，在上面的宜家案例中，买方的时间比金钱更宝贵，当地的两家家具店可能无法通过降价来扭转局势。但如果其中一家本地商店能够提供良好的网上购物体验和免费送货服务，为买家省去到样品展览店的时间，这可能就足以赢得这笔交易。

等式的"我得到的"一端，是指相对于目标客户想要的

产品而言，他们还想获得的感知收益，而目标客户想要的东西
与他们需要的东西并不相同。需求通常会引导买方找到正确的
产品类别，但真正帮助他们在该类别的品牌中进行选择的是他
们想要的东西。比如，买方可能需要一块手表，但如果他购买
新手表的动机是地位而不是计时，那么他可能更容易受到品牌
形象的影响，而不是更精确的机芯。有时候，你为了加大优惠
力度而增加的项目可能根本没有价值。购买者打算在夏末扔掉
冷却器，那你为这个机器提供的 3 年保修期可能根本就没有价
值。你在这个天平两边加减的物品必须由你的目标买方评估，
要能够影响他们的净感知价值。当你意识到净感知价值是每
一个购买决定的基础时，你在这个等式上付出的努力才是值
得的。

　　前文中，我们引用了汉斯和他的组件测试人员的案例。我
们看到他的企业投资了数百万美元，在"我得到的"一段给产
品增加了很多附属功能，但这些都没有为他的买方增加任何价
值，因此没有使天平倾向于他。如果他更了解他的买方，他实
际上会去掉那些花里胡哨的附属功能，让他的产品能更快进入
市场。他本可以抢在他的竞争对手之前这样做，那样的话很可
能他在今天仍然主导着市场。为了有效地利用好这个等式中的
天平，你需要时刻把握住买方的脉搏，对他们的需求和优先考
虑始终有清楚的了解。

问问为什么

大多数生产者会以非常具体的、单一的方式来看待他们的产品：某种产品，具有某种功能，以某种价格出售。这是非常理性的，但也是有局限性的，因为买方看问题的角度是不一样的。事实上，你认为你所销售的东西可能和人们实际购买的东西几乎没有相似之处。一项关于价值创造的研究得出的结论是："顾客所感知到的价值，很少能在企业认为自己在销售的东西中找到。"

如果你把注意力从人们购买什么转移到他们为什么要购买，那么价值就会变得更加明显。举个例子：我刚刚租了皮克斯的《海底总动员2：多莉去哪儿》（*Finding Dory*）在线电影给我6岁的孩子看。我不是在购买娱乐产品，我只是给自己买了90分钟的安静写作时间。如果亚马逊发现有足够多的人有和我一样的处境，他们就可以利用这些信息来增加产品的价值，与其他在线电影租赁企业竞争。例如，他们可以通过在电影开头添加一些动画片和预告片，在结尾添加一些幕后内容，使儿童租赁影片的表现形式更具电影色彩，将观影体验延长到120分钟，而不是90分钟。

如果你清楚人们为什么购买你的产品，那么你就可以开始增强这种价值。麦当劳就是一个很好的案例。当人们看到金色的拱门时，就会想到汉堡包。那是麦当劳的核心产品。但今天我甚至可以说，麦当劳生产的价值很少来自它的汉堡。虽然我从来没有认为麦当劳是镇上卖的最美味的汉堡，但它是迄今为止最方便的之一。麦当劳是历史上最具创新精神的餐厅之一，开业以来，汉堡本身变化不大，但销售汉堡的环境都变了，从餐厅设计和免下车点餐窗口，到儿童玩具和游戏室，再到订购应用程序和送货服务。因为他们知道，顾客在麦当劳买的不仅是汉堡包，更是方便。

总结

　　企业赢利能力的核心是价值。按比例来说，没有什么因素能比提高价格的能力更能增加利润，这不是由卖方所认为的"质量"驱动的，而是由买方所认为的"价值"驱动的。让许多高管感到沮丧的是，这意味着超出控制。卖方完全控制他们的产品和价格，但买方决定其价值，在竞争激烈的市场上，这意味着买方也决定价格是否会上涨。如果你给出的价格使买方的心理价值天平向左倾斜太多，那么他们就不会买了。

　　对消费者的洞察力是建立价值的基础。它们使你能够通过提供独一无二的价值使天平向你倾斜。这要求企业了解关于价值的 3 件事：买家定义价值时使用的标准；这些标准的相对权重；竞争对手提供的价值效果如何。如果我们能够了解这些事情，那么作为营销人员，我们就能有更好的机会创造和使用价值，在我们所服务的市场上竞争。

为了让价值不那么虚无缥缈，我们可以确定 3 种价值类别，企业可以在这些类别中增加他们的产品。

SALE

第十三章
创造价值

买方如何评估价值

正如前一章所讨论的，价值就是在"我付出的"和"我得到的"之间找到正确的平衡，从而比竞争对手产出更多的净感知价值。你的产品在"我得到的"方面所提供的价值只是你的核心产品所提供的部分。潜在买方会从另外两个方面评估你的产品价值：增值功能和增值关联。为了给买方提供最大的价值，并给竞争对手施加最大的压力，从价值的这 3 个维度来看待你的产品会有所帮助。

大多数中等规模的企业都专注于自己的核心产品功能。这使得那些在核心产品之外的价值难以被识别。为了帮助管理人员可视化，以及便于管理这种无形的价值，营销学教授菲利普·科特勒在他 1967 年出版的《营销管理：分析、计划和控制》（*Marketing Management：Analysis, Planning, and Control*）一书中引入了一个模型。科特勒模型将产品定义为三个层次：核心产品、实际产品和附加产品。在我还是一个年轻的广告撰稿人时，我就是用科特勒的这本教科书作为我的战略营销入门书。我发现他的产品三层次模型非常有用。多年来，我一直在调整这个模型，让它适应我自己的工作和观察。我将这个模型调整为 3D 产品模型呈现在图 13-1 中。

为了管理品牌价值，企业必须和买方一样看待产品，从产品核心功能、增值功能、增值关联这三个维度来看。成功的品牌往往会同时在这三个维度上不断使自己与众不同。

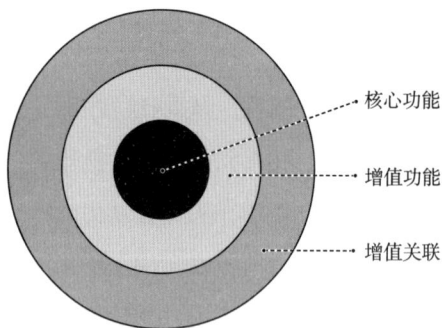

图 13-1　3D 产品模型

3D 产品模型是对菲利普·科特勒的产品三层次模型的改

编，帮助我们从买方的视角看待产品，将买方在购买产品时获得的三类价值可视化。你也可以利用这三个维度来创建一个持续的价值开发和差异化方案。通常你会发现，你可以在不改变其核心特征的情况下增加你的产品的净感知价值。从这三个方面考虑价值，你可以更容易分析、管理和讨论价值。

所有产品都是 3D 的

每当消费者做出购买决定时，他们都是从三维角度评估他们的选择和提供给他们的价值。标准因具体产品、具体情况而异，但基本的原则是不变的。因此，战略营销人员必须了解这些原则。

以健身球这样简单的产品为例。对生产商来说，它是一个由塑料制成的球，可以支撑一个成年人的重量而不爆裂。这种球的生产成本可能是 4 美元，可以卖到 30 美元，但购买这种球的人很可能对它有不同的看法。在健身房，他们可能会把健身球和品牌，以及他们选择的健身服装和鞋子，视为自己的一种"外观"。事实上，他们可能会把健身球视为自己服装的延伸。这可能就是为什么他们在各类品牌中选择了特定生产商的特定颜色的健身球。关键在于，人们之所以对产品和品牌感兴趣，通常有各种各样的原因，而不仅是它所要执行的核心功能。有些是理性的，有些是感性的，但都影响着其购买决定。

核心功能

让我们从买方的角度来仔细看看健身球。我们先从核心功能说起。这些是定义品类的有形属性，是产品纳入某个品类的必要条件。这些有时被称为品类的限定条件、筹码或健康卫生要素。比如，列入健身球类别的最低要求是，它的直径必须是 55 至 75 厘米，由抗穿刺塑料制成，并能够承受重大冲击而不破裂。其核心功能要满足这些标准。如果你的核心功能足够与众不同，你就可以开创自己的品类，成为其中的第一个品牌。如果这种差异受到高度重视，你就拥有了竞争优势。

随着时间的推移，尽管有专利，核心功能也会被竞争对手复制。又随着时间的推移，复制核心功能所需的专业知识会逐渐成为常识，模仿的困难也会逐渐降低。这可能会导致一个成熟品类的所有品牌在核心功能方面更加平等，使得用一个品牌的产品替代另一个品牌的产品越来越容易，而无须在功能上进行重大权衡。

想想你所在的企业的产品在你即将进入的市场中的地位。一个产品必须提供什么样的基本功能才能被纳入你的产品类别中？如果一个新的购买者在你所在的品类中选择了另一个品牌，而不是你的品牌，他必须做出怎样的权衡？你可以为你

的产品的核心功能增加什么价值，来更好地满足目标客户的
需求？

增值功能

这些都是有形的功能，但它们位于产品的主要功能之外，
比如支付条件、购买便利性、保修、服务、支持、设计、包
装、颜色选择等。这些都是有形的差异，但对核心功能来说是
次要的。若有几个生产商提供类似的核心功能时，可以预料到
他们会进入我们模型的下一环，并开始在增值功能上竞争。

和核心功能一样，增值功能也可以被复制。事实上，当
该品类中有足够多的市场参与者采用了某种流行的增值功能
时，这种增值功能就会被消费者视为事实上的标准（该品类的
筹码），但仍然不是核心功能。比如，1950 年，真力时电子公
司（Zenith Electronics）将遥控器功能作为电视机的增值功能。
如今，这已成为核心产品功能的一部分了。

在健身球的例子中，沿着球的外侧加入脊线已经成为一
个相当标准的增值功能，正如提供各种尺寸和颜色一样。不太
常见的增值功能可能是抗菌表面涂层、气压指示器或使用更环
保的材料。

随着品类的成熟，提供增值功能会成为品牌提升价值和差
异化的主要方法。品类领导者通常会在增值功能方面为其品类
制定规范。他们还利用这些标准来使竞争失衡，从而保持领先地

位。比如苹果和吉列（Gillette）就是这方面的高手。他们每年都会给产品增加新的功能，迫使竞争对手去适应他们的规范。以麦当劳为例，它可以花时间为其创新进行计划并采购材料。多年来，麦当劳推出了包括：第一次针对儿童的电视广告活动（1966年）、免下车餐厅（1975年）、早餐（1975年）、盒装儿童餐（1979年）、游戏区（1987年）等。麦当劳会按照自己的时间表推出这些活动，让推出的计划能够对自己形成最小的干扰，而实现最大的成本效益。一旦推出这些活动，如果创新使价值尺度向麦当劳倾斜，那么汉堡王就需要在短时间内做出反应，以免失去客户。要跟上品类领导者不断变化的惯例，可能会给该品类中的其他参与者带来反复的意外干扰和成本。

你的产品在它所服务的市场上提供了哪些增值功能？它们与竞争对手的产品所提供的功能相比如何？如何增加你的品牌的增值功能？这些增值功能是独一无二的吗？与你的目标客户的相关性如何？

增值关联

这些都是无形的，主要是通过宣传沟通和品牌感知到的认可来塑造。比如，一个品牌可能与名人、流行趋势、社会事业、环境意识、群体或一套特定的价值观有关。制订和实施品牌识别计划是协调这些方面的价值，使之成为一个连贯的品牌叙述的最直接方式。就其本身而言，这些类型的东西不会以实质性的方式改变产品，但它们可以对销售产生重大影响。这些关联还可以通过联想提升用户自身的声誉。奢侈品牌就通过这种方法来实现这一点。

再以我们的健身球为例，如果一个流行明星被拍到使用了某个品牌的健身球，即使这款产品没有变化，即使明星没有正式代言这个品牌，这个明星的粉丝可能也会更关注这个品牌的健身球。2007年1月15日，瓦萨（Wasa）薄脆饼干在美国的销量一夜之间莫名其妙飙升。在得知美国电视名人奥普拉·温弗瑞（Oprah Winfrey）在她的节目中咬了一口Wasa薄脆饼干后，这家瑞典薄脆饼干企业感到措手不及。但这种关联已经足够了。节目结束后不到一周，该企业在美国的销售额就增长了25%。2个月后，增幅超过50%。这家薄脆饼干除了让人暂时联想到一个受欢迎的电视名人之外，并没有发生任何变化。部分原因是知名度上升了，但很难想象上一次电视节目就能产生这种效果。同样难以想象的是，Wasa是如何改变薄脆饼干的实体产品，从而如此迅速地引发了如此明显的销售增长的。薄脆饼干的核心功能和增值功能并没有改变，改变的是第三方创造的增值关联。增值关联看似虚无缥缈，但能对利润产生非常真实的影响。

品牌标志和品牌经理的工作也会塑造增值关联。品牌标志的开发和实施越娴熟，就越能使产品产生差异化，赢得喜爱，越难被竞争对手复制。

在企业可以用来使其产品增值的 3 种价值类别中，这一种是最无形的，而且往往是最不受重视的。不关注增值关联，就很难让客户、员工、投资者和其他利益相关者在情感层面上与品牌建立联系，也难以保持对企业的积极情感。这些"软"元素对培养忠诚度、定价溢价、品牌宣传和长期收入增长具有实际的商业影响。

由于这个价值层次上的元素是抽象的、无形的，因此管理起来比较困难。在国外市场尤其如此。感情和联想受到文化和其他社会因素的影响，因此最容易产生地方差异。一些增值关联可能具有普遍吸引力，因此可以在不同的市场中实施。其他的则不行。你需要根据每个市场的情况管理品牌的增值关联，并相应地开发这种价值。如果你面对的是一种或多种外国文化，即使你能够在本国市场实现增值关联，也很难在海外市场"即兴发挥"。

品牌识别和管理是增值关联的主要传递系统。对于国际营销人员来说，要在这个层次提供价值，就需要有一个明确的、成文的品牌标志和品牌架构，以及将增值关联因素考虑在内的营销战略。反过来，这些都应该建立在对你的竞争对手和你的销售对象有一个明确、规范的理解的基础上。有了这些工具，管理者就可以更容易把这些价值观传递给市场。随着利益相关者越来越难以辨别企业和产品之间的有形差异，在竞争重要客户、员工和投资者时就越来越依赖于这些增值关联。

许多中等规模的企业不愿意投资发展品牌。这种情况在那些仅依靠销售部门辛勤工作而没有战略营销职能支持的企业中表现得最为明显。这些企业的高管在他们的职业生涯中可能从来没有理由考虑增值关联。经验告诉他们，仅靠努力销售就足以使企业成长和繁荣。在这样的环境下，品牌所提供的价值通常被狭隘地定义为客户支持，再加上产品规格表和保修单。从某种程度上来说，这种方法足以在 B2B 市场上取得成功。但也会有转折点。

（1）企业希望达到"更高一个层次"，他们将直接与更大、更成熟的企业竞争，这些企业除了有直接销售支持业务外，还已经开始通过战略营销和品牌管理建立市场进入壁垒。

（2）企业发现同级别的竞争对手开始用战略营销和品牌管理来作为销售工作的补充。

如果这 2 种情况都适用于你的企业，那么可能是时候通过投资品牌发展，寻找新的方法来增加品牌的附加值了。首先，你要了解你的买方所在的市场环境。

所有价值都是相对的

我已经说过，价值是相对于买方而言的，也与买方所处的环境有关，而这个环境是可以改变的。关于 3D 产品模型，在不同的时间和背景下，不同层面的价值往往对不同买家的重要性有所不同。各个价值的权重取决于买方所处的环境，这种环境可以塑造你的营销对象的价值优先级和价值感知。

举个例子，3 月一个风雨交加的晚上，我住在阿姆斯特丹的一家酒店里。我的航班因暴风雨延误了，我回到房间时已是晚上 10 点多了。第二天早上 8 点半，我要向满屋子的制药企业高管做产品发布会的案例研究。我感到有点压力，而且还有工作要做。我还感觉很累，想喝杯可乐。我从冰箱里拿了一瓶可乐，发现价格差不多是 10 欧元。我知道几个街区外有一家 24 小时营业的便利店，在那里我可以花大约 1 欧元买到同样的可乐。但是当时正在下暴雨，我需要换衣服出去买，可能要花 20 分钟。于是我打开了冰箱里的可乐，继续工作。价值和价格是有联系的，但有时联系并不紧密。对我来说，在那个时候，冰箱里 10 欧元的可乐比便利店里 1 欧元的可乐要划算得多。这不是因为我认为 10 欧元的价格很好，而是因为从更宏观的角度来看，我认为我的选择是有限的。尽管我知道冰箱里可乐的价格，但我不得不佩服那个把可乐放在那里的人，因为可能他可能预见到了这一点。

环境往往受到经典的"四要素"（4Ps）之一的影响——渠道。就像冰箱与便利店。在评估买方的价值要求时，你要考虑到这一点。你可能会发现，根据你的目标对不同价值的重视程度绘制价值环是很有用的。价值环越厚，它所承载的价值就越大。这可以让你更容易明白为了竞争，你需要专注于哪一环价值。比如，我在下文从我的角度模拟了4种产品的核心功能、增值功能和增值关联对我的重要性。

劳力士手表

我购买劳力士手表的原因与核心功能和增值功能没有太大关系。我对计时功能的要求非常低，一块20美元的手表就可以满足我对计时功能的需求，再加上我去哪里都带着手机，它也能显示时间。因此，计时这一核心功能不会对我购买劳力士手表的决定产生很大影响。至于增值功能，我喜欢几款型号的设计，但我喜欢的功能并不完全是劳力士手表独有的，也不足以抵消价格对我的影响。我认为我购买劳力士手表最关注的价值是品牌关联。其中一部分是因为劳力士手表几十年的推广和广告植入创造的品牌形象，但大部分是因为我小时候对父亲的劳力士手表的记忆。我的劳力士手表3D产品模型如图13-2所示。

特斯拉汽车

我对这款产品的兴趣在这3种价值类别中平分秋色。就汽车而言，特斯拉汽车提供了可靠的交通工具，驾驶起来既安全又有趣，没有污染，也没有加油的麻烦。诸如不讨价还价的购买政策、自动驾驶功能和驾驶舱设计等增值功能也很吸引我。

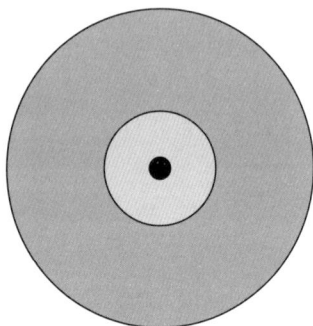

图 13-2　劳力士手表 3D 产品模型

我也喜欢特斯拉汽车的品牌理念以及品牌想要加速实现绿色交通的使命。该企业的品牌价值、进步的形象和创新的技术都对我有吸引力。我那些拥有特斯拉汽车的朋友都在社交媒体上为这个品牌做宣传，我想我也会这样做。我的特斯拉汽车 3D 产品模型如图 13-3 所示。

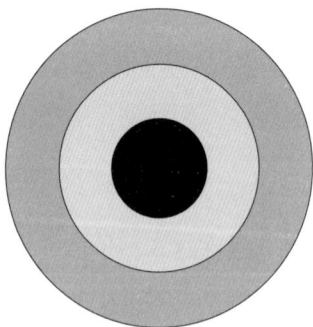

图 13-3　特斯拉汽车 3D 产品模型

苹果智能手机

　　人们在选购新的智能手机时首先关注的是什么？可能是相机、内存、软件或屏幕尺寸，但可能不会是它的通话性能。我开始使用苹果智能手机是因为它的核心功能在当时是独一无二的，而且它与我拥有的所有其他苹果产品兼容，所以对我来说有很强的平台效应。如今，有很多品牌提供与苹果类似的电话和短信功能，所以与通话相关的核心功能并不重要。对我来说，最重要的是增值功能，特别是其硬件和软件与其他设备的无缝兼容。我是"苹果粉"，所以品牌在我的选择中也有一定的影响。我的苹果智能手机 3D 产品模型如图 13-4 所示。

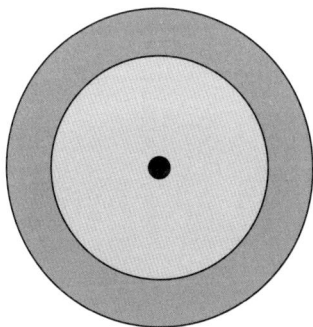

图 13-4　苹果智能手机 3D 产品模型

IFO 保险丝

搬到瑞典后不久，我就坐在厨房里研究 3D 产品模型。那是一个炎热的夏日，我试图想出一件物品，其核心功能几乎是我购买它的唯一理由，但我想不出一个例子。就在那一刻，厨房停电了，我的冰箱和冰柜都没电了。我找到了保险丝盒，发现根本没有断路器。它用的是老式的陶瓷保险丝，厨房用的保险丝已经断了。我的新家没有备用保险丝，我也不知道去哪里买。当我冰箱里的冰激凌开始融化时，我跑到杂货店，发现了一个标有 IFO 的保险丝。那一刻，我不在乎它的价格，也不在乎它是谁制造的，也不在乎它能用多久。我只需要它能把电从 A 点接通到 B 点，那条保险丝在那天帮我同时解决了 2 个问题——通电和想出例子。我的 IFO 保险丝 3D 产品模型如图13-5 所示。

图 13-5　IFO 保险丝 3D 产品模型

请记住，这些是我个人的看法。比如，我敢打赌一个电工对我买的保险丝会有不同的看法。你可能对其他 3 种产品也有不同的看法。所以，如果每个人对价值都有自己的看法，这对营销会有什么影响呢？这很重要，因为市场在认知上有一些趋势，这些趋势通常由部分市场所共享，我们可以对其进行细分和定位。这些趋势会随着时间的推移而变化。这就是为什么你必须和你的目标客户保持联系，看看他们想要什么，这样你才能提供他们所追求的价值。

这并不是说你需要坐在那里等着别人告诉你的下一个创新点应该是什么。现实远非如此。乔布斯认为自己的工作就是先客户一步搞清楚他们想要什么。设计师约翰·麦克尼斯（John McNeece）在一篇关于客户调查局限性的文章中写道，如果亨利·福特问买方他们想要什么，他们可能会说想要一匹更快的马。的确如此，但我并不提倡你去问客户他们想从你的品牌中得到什么。我对"为什么"更感兴趣。如果亨利·福特着手培育一种跑得更快的马，并试图理解为什么拥有一匹马对人们那么重要（如快速运输、独立、方便），以及他们又为什么不喜欢拥有一匹马（如喂养照顾、从马上跌落、铲粪），那么我认为这些结果无论如何都会说服他造一台个人交通机器。

瑞典电信企业爱立信提供了一个教科书式的案例，说明了当你跟不上买方的价值要求时会发生什么。爱立信创立之初就创造并主导了手机市场。它拥有专注于手机核心功能的明显优势。20 世纪 90 年代初，手机还很新，手机信号塔也很少。信号接收是早期手机的一个大问题。爱立信拥有强大的工程传统，能够用其专有技术和卓越的工程技能制造出被认为能够解决信号接收问题的手机。

到 20 世纪 90 年代末，基站数量大大增加，软硬件质量也得到了改善，因此大多数信号接收问题在很大程度上得到了改善，至少在主要城市及其周边地区是这样。因此，竞争的战场从接收器中使用的技术等核心功能，转向了外形和设计等增值功能。芬兰企业诺基亚抓住了这一转变，开始在第二轮竞争中推出外观更时尚的手机，其特点是边缘圆滑、没有外置天线、屏幕更大、可以显示图形，这些都是当时的重大创新。爱立信的工程师对诺基亚的设计嗤之以鼻，因为内部天线影响了信号接收。令他们惊讶的是，消费者并不在意。与此同时，如图 13-6 所示，爱立信在中心环坚守阵地，并继续以其电路板和信号接收的技术优势进行竞争。在这个过程中，它失去了自己建立的整个市场。爱立信在打一场基于核心功能的工程大战，而诺基亚在打一场基于增值功能的设计大战。与客户联系更紧密的品牌赢了。

1999 年，诺基亚专注于手机的增值功能，而爱立信则专注于手机的核心功能。诺基亚的价值优先级更接近于买家的价值优先级，夺走了爱立信的市场份额。爱立信自己的网站对其失败做了非常坦率的评价。它记录了该企业与它的客户是如

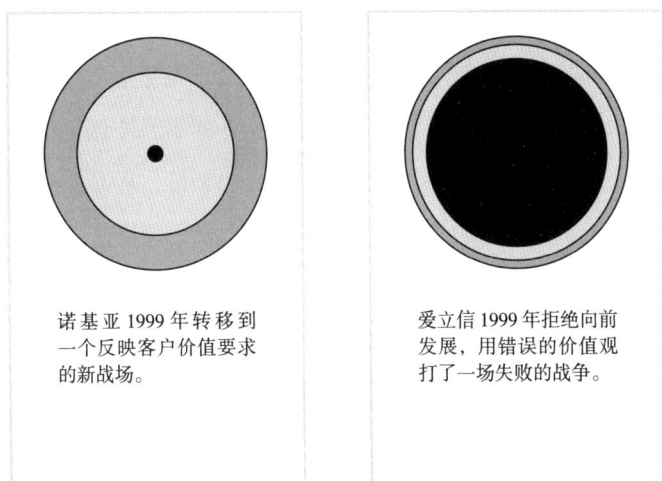

图 13-6　诺基亚与爱立信的 3D 产品模型

何脱节的："渐渐地，人们发现，爱立信的文化由于缺乏与消费者的联系，无法提供最肥沃的成长土壤。"爱立信的优势在于工程技术，并将其出售给国家电信垄断企业和主要服务提供商。它完全不具备了解终端用户的能力，更不用说争夺用户市场了。企业里没有人采纳买方的观点，也没有人站在买方的立场上为他们发声。因此，爱立信最终试图通过工程技术来解决一个营销问题，结果是灾难性的。

有得必有失。2007 年，苹果带着苹果智能手机问世，并"以其人之道还治其人之身"。据说当时的苹果智能手机在技术上不如当时诺基亚的顶级机型，因为苹果智能手机是 2G 设备（而不是 3G 设备），不支持 GPS，摄像头分辨率只有 200

万像素。但诺基亚 N95 更笨重，单是外壳就有 20 多个按键，而苹果智能手机则更时尚，只有一个按键。苹果的 iOS 操作系统通过触摸屏和应用程序将用户界面提升到了一个新高度。诺基亚和爱立信销售的是有一定计算功能的手机，而苹果销售的是有一些通话功能的掌上电脑。这就削弱了诺基亚的核心功能，并迎来了智能手机时代。

价值需求随着时间的推移而变化

随着品类的成熟，买方的价值需求会以一种可预测的模式演变。当一个新的品类推出时，消费者往往会关注核心功能。在许多情况下，企业只需要回答一个基本问题：它是否有用？我们今天可以在维珍银河公司（Virgin Galactic）和 X 空间公司（Space X）刚刚起步的消费者太空旅行市场上看到这一点。目前的重点是谁在技术上能够让乘客安全升空并返回。当太空旅行变得更加常规时，他们很可能会转而关注座椅设计、行李限额和飞行菜单等增值功能。

随着品类的成熟，在核心功能层面上，几家企业的产品几乎是彼此的替代品，这种情况并不少见。这就迫使卖方寻找新的增值方式，通常就产生了大量的增值功能。以苹果与三星为例。现在各种智能手机品牌的核心功能非常相似，所以现在他们就在电池续航、设计和屏幕特性等增值功能上展开竞争。

图 13-7 展示了价值生命周期。

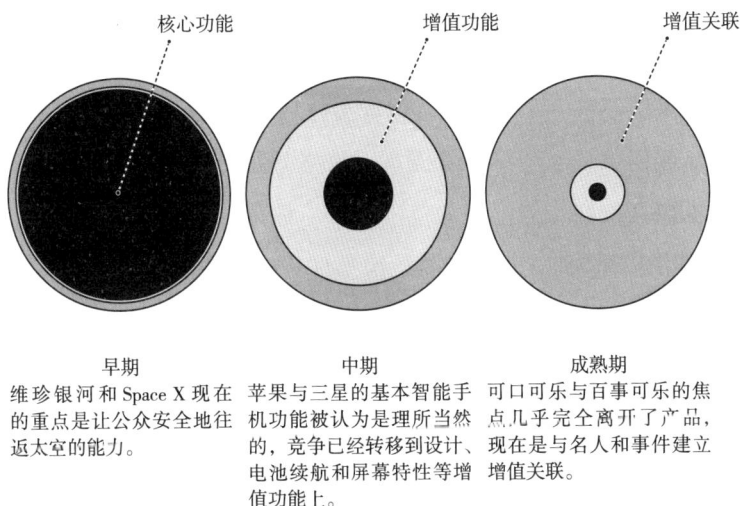

早期
维珍银河和 Space X 现在的重点是让公众安全地往返太空的能力。

中期
苹果与三星的基本智能手机功能被认为是理所当然的，竞争已经转移到设计、电池续航和屏幕特性等增值功能上。

成熟期
可口可乐与百事可乐的焦点几乎完全离开了产品，现在是与名人和事件建立增值关联。

图 13-7　价值生命周期：3 个价值类别的相对重要性如何在一个类别的生命周期中发生变化

　　随着品类的成熟，它们可以开始更多地依赖增值关联来创造新的价值。可口可乐和百事可乐似乎正处于这个阶段。改变核心配方可能不会赢得任何人的青睐。可口可乐曾在 1985 年尝试过"新可乐"，结果惨败。这 2 个品牌都在追求新鲜感，也都会开展具有相同类型增值功能的活动，比如新颖的瓶子设计和季节性的口味变化。然而，归根结底，这 2 个品牌是在打一场形象战，利用促销活动来创造与潮流名人和热门事件的增值关联。

降低成本

当然，在等式的"得到"一侧，对产品的价值优先级建立的模型还有一个对立面。就像买方从 3 个维度看你的产品一样，他们也从 3 个维度看成本。价格就是价格标签上的数字。成本包括价格，但考虑的范围更广。你可以对成本建立模型，或者用成本类别（核心价格、摩擦成本和关联成本）给等式的"付出"一侧建立模型，如图 13-8 所示。这里将 3D 成本模型放在 3D 产品模型的旁边，3D 成本模型帮助我们从买方的视角，直观地看到他们为了获得产品而必须放弃的 3 类成本。当你以这种方式看待成本时，你经常会发现，有一些方法可以在不降低价格的情况下大大降低你的产品的净感知成本。

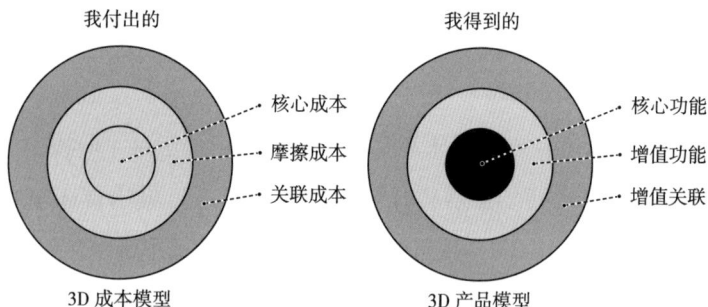

图 13-8　3D 成本模型和 3D 产品模型

核心成本

核心成本是指获得产品的总货币成本，包括要价加上所有税收和费用，无论这些费用是由你还是由第三方收取。这就回答了一个问题：一共需要多少钱才能购买这件物品？

除非你努力成为低价领导企业，否则在寻求降低净感知成本时，核心价格是你不想降低的一项。在你所服务的市场上，你的核心价格与竞争对手相比如何？在某些市场采取不同的价格定位对竞争是否有意义？你是否在产品方面提供了足够的价值，从而可以在不失去市场份额的情况下提高要价？

摩擦成本

这些是获得产品必须满足的有形的、非货币的需求。它们也可以被认为是购买者购买、获得和拥有产品过程中的摩擦点。对于买方来说，它们是有形的，而且非常真实，只是不是现金。常见的摩擦成本包括时间、旅途和一些麻烦的因素，比如去商店或比较替代品的方便程度、提货和送货、组装、配置等。摩擦成本还包括一些麻烦的因素，如难使用的支付程序、糟糕的客户服务和与卖方互动的总体难度。美联航仅通过提供普通话而非英语的票务服务，就将其在中国的价值和在线销售额提高了300%。

买方要获得你们的产品需要经历哪些障碍？卖方与买方之间总有摩擦点，你知道你和买方的摩擦点是什么吗？你知道竞争对手和买方的摩擦点是什么吗？你怎样才能减少摩擦，让买方更容易购买和拥有你的产品？

关联成本

关联成本是无形的成本，通常以与品牌相关联的不同类型的风险形式出现。它们不一定是负面的，但也会增加成本。比如，一个完全没有知名度的品牌在与一个著名品牌竞争时可能会产生严重的风险因素（未知风险），会导致该品牌声誉不佳或卷入丑闻。从买方的角度来看，这些都会减损品牌的净感知价值。这些都是最虚无缥缈的成本，可以是相当微妙的。讽刺的是，如果你的要价太低，实际上可能会增加你的净感知成本，因为这可能会引起人们对产品质量或安全的担忧，或者买方觉得你与他们认为的折扣品牌相关联，会降低他们的社会地位。"贵得安心"是时代啤酒（Stella Artois 比利时啤酒品牌）在英国用来解释其啤酒溢价的标语，其理念是"价格越高，质量越好"。这一概念为那些思考低价原因的人提供了一个相关的观点。消费者对价值比的理解是：当这个等式的"付出"一方明显很低时，他们通常会认为"得到"一方已经做出了妥协。

买方一般会渴望与你的品牌产生关联吗？为什么愿意或为什么不愿意？你在客户中培养的声誉是正面的吗？他们会如何描述你的品牌？客户的看法是否为潜在客户所了解并广泛认同？买方在购买和拥有你的产品时必须应对哪些负面关联？在衡量了这些因素之后，你现在可以了解买家如何评估你的产品，以及你可以为此做些什么。如果净感知价值有一个公式，它应该是这样的：

买方的净感知价值＝买方对产品的感知价值－买方对产品的感知成本

虽然我将其表述为一个公式，但这并不意味着你需要精确测量消费者情绪来管理净感知价值。这是一个启发式的公式，旨在说明这一观点，并作为一个心理上的捷径。即使没有对变量进行精确的量化，你只要思考这个公式可以如何应用于你的产品、买方和竞争对手，就能拥有战略洞察力。

价值的来源

贝恩公司的埃里克·阿尔姆奎斯特（Eric Almquist）绘制了为买家创造价值的各个要素，称为价值要素®（见图13-9）。这项工作的灵感来自马斯洛的需求层次理论，涵盖了人基本的生理需求到复杂的心理需求。阿尔姆奎斯特和他的团队对美国各地 50 多家企业进行了 1 万多次采访，并整理了一份清单，列出了 B2C 企业的 30 个价值要素和 B2B 企业的 40 个价值要素。这些要素涵盖了 3D 产品模型中定义的 3 个层次的价值，经贝恩公司许可，清单可见图 13-9 和图 13-10。

　　研究发现，无论是 B2C 还是 B2B，品牌所擅长的价值要素的数量与它的客户忠诚度和宣传度都呈正相关。这一效应在 B2B 研究中最为明显。这里，他们删除了那些他们认为是品牌筹码或品类特有的因素，如产品规格、价格、法规遵守和道德标准。根据对其余 36 个要素的评估，他们发现，能够在 6 个或 6 个以上要素方面表现出色的企业的平均净推荐值比在 36 个要素中表现都不出色的企业高出 450% 以上，比在 1 至 5 个价值要素方面表现出色的企业的净推荐值高出 60%。鉴于业务增长与净推荐值之间的相关性，60% 至 450% 这两个数字表示优势是非常显著的。

　　读到这项研究，我不禁想到，所有专注于自身筹码的 B2B 企业，都将这一点作为为客户创造价值的主要驱动力。这些企业如果能走出核心价值和核心成本，探索其他领域来增加价值、减少成本，将会获得最大的收益。

　　这些研究强调了充分利用你所拥有的价值杠杆的重要性。你要避免只关注核心功能和成本的倾向。增加净感知价值的方法有很多，其中很多方法因市场而异，你不可能都去追求。为

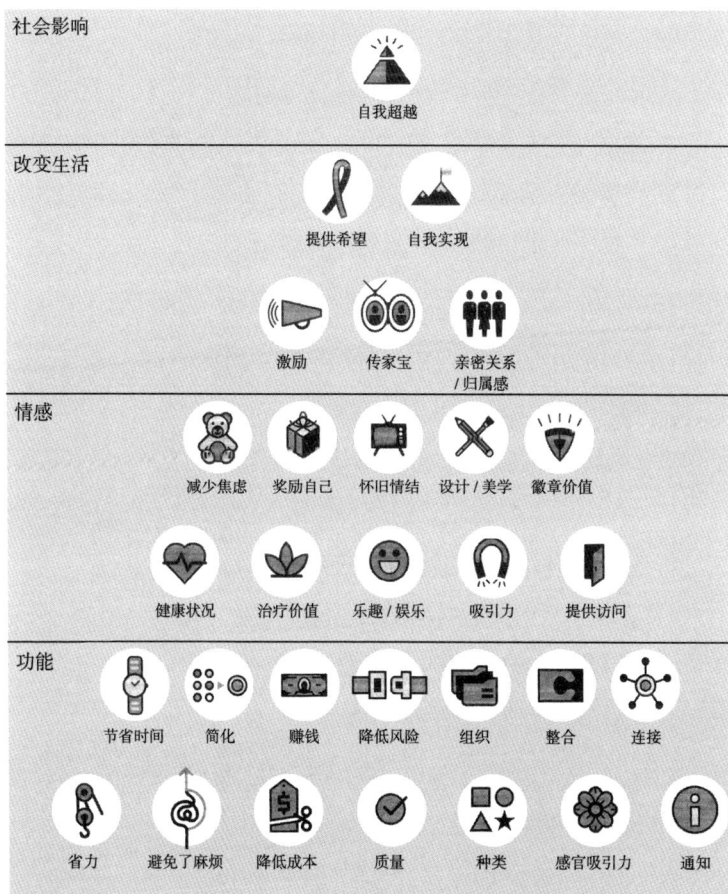

图 13-9　贝恩公司 B2C 企业的价值要素®

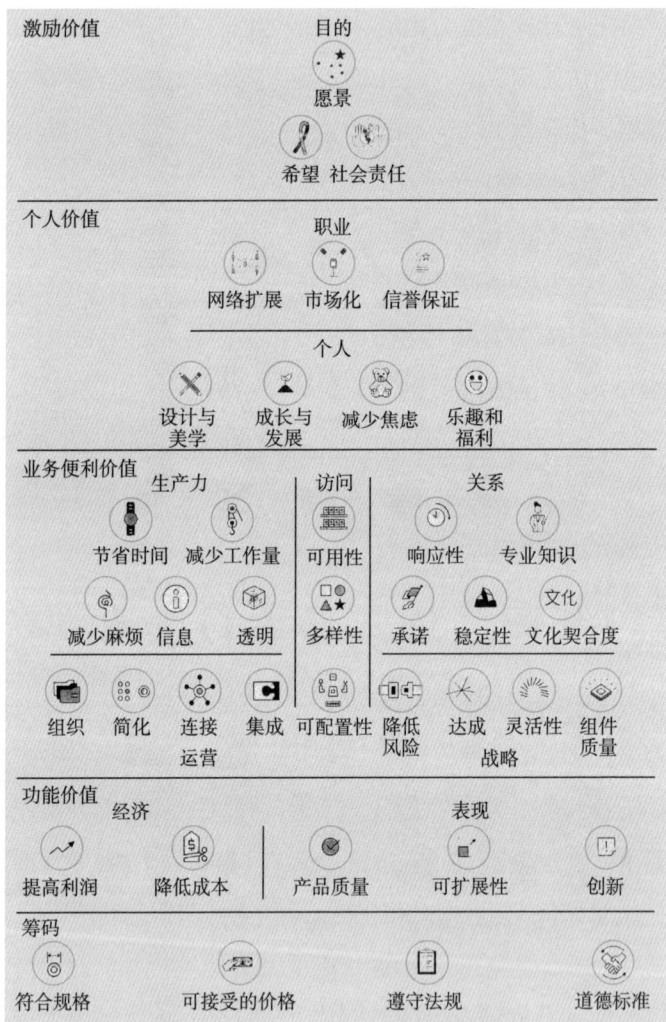

激励价值		
	目的	
	愿景	
	希望　社会责任	

个人价值		
	职业	
网络扩展	市场化	信誉保证
	个人	
设计与美学	成长与发展　减少焦虑	乐趣和福利

业务便利价值		
生产力	访问	关系
节省时间　减少工作量	可用性	响应性　专业知识
减少麻烦　信息　透明	多样性	承诺　稳定性　文化契合度
组织　简化　连接运营　集成	可配置性	降低风险　达成战略　灵活性　组件质量

功能价值		
经济		表现
提高利润　降低成本		产品质量　可扩展性　创新

筹码			
符合规格	可接受的价格	遵守法规	道德标准

［资料来源：转载自埃里克·阿尔姆奎斯特（2018）和贝恩公司（已获许可）。］

图 13-10　贝恩公司 B2B 企业的价值要素®

了帮助你选择重点，你可以从与你的利益相关者交谈开始。通过深入的访谈和调查，找出产品和成本的哪些方面对他们来说最重要。你将获得一个可掌控的候选名单，便于你开展工作。如果你正在处理多个国外市场，你应该为每个市场重复这一工作。这项工作要为你的价值主张和你在所进入的市场的定位提供信息，以及帮助你确定研究和开发工作的优先顺序。

总结

价值对买方来说是最重要的，也是你可以用来竞争的东西。在本章中，我提供了一些管理和最大化价值的工具。对我们许多人来说，困难的是要从买方的角度来看待价值，而不是从最高管理层自上而下的角度来看待价值。当你的最高管理层和买方没有共同的语言、文化或国籍时，这就变得更加困难。要想获得在国外市场创造专有价值所需的洞察力，方法就是比当地企业更了解你的买方。因而重要的是，你要让国际营销人员定期做采访、调查和（或）聚焦小组计划，从而与买方保持同步。

净感知价值不是买方计算出来的数字，而是他们根据一些事实和大量的信念、担忧、感知、动机和直觉，下意识或潜意识地权衡你的产品的利弊而做出的判断。这并不简单，但好消息是，你有 2 种方法可以解决其中的难点。

（1）通过核心功能、增值功能和增值关联来增加产品的价值。

（2）通过降低核心成本、摩擦成本和关联成本来降低产品的成本。

阿尔姆奎斯特和他的同事们所做的研究对价值的具体方面进行了进一步细分。要将这些模型用于塑造你的价值主张、定位和产品，你需要找到你的特定买方和其他利益相关者最看重的东西。

掌握了产品的无形价值的企业，能够更好地评估、管理并提升品牌的净感知价值。与没有掌握这些技能的企业相比，他们开始以不同的方式看待市场，并拥有更多的竞争工具。

SALE

第十四章
商品注意事项

商品是一种选择

我想特别提醒那些从事食品、建筑材料、能源或服务等商品销售的人。如果你销售的产品被贴上了商品的标签，那么你可能会认为增加价值或减少成本的概念不适用于你。当企业提高价格时，利润增长最大的是利润率最低的企业，商品销售企业往往就是这种情况。如果你认为自己销售的是一种商品，那么你就可能从净感知价值的工作中获得最大的收益。书中所讨论的利润杠杆也都适用于你。

即使是商品也有感知价值

商品的定义是具有完全或部分可替代性的产品，也就是说，市场将所有这些产品视为等同的，或几乎等同，而不考虑它们是谁生产的。在一个真正的商品市场上，所有的供应商都需要以相同的方式、相同的声誉销售相同的产品。在这样的市场中，我们期望看到市场份额能均匀地分配给所有卖家。

但是，正如我们所知，这种情况从未发生过。这表明在交易所交易的商品市场之外，纯商品的概念更多的是一种理论构想，而不是实际现象。在每个商品类别中，都有一些市场参与者能够比其他人获得更多的市场份额。这是因为，尽管来自一个供应商的一吨铜的核心功能可能与来自另一个供应商的一吨铜完全相同，但产品除了核心功能之外还有更多的其他内容。每家铜生产商在购买过程中所提供的增值服务都会有所不同，每家厂商的声誉也会有所不同。所有这些都将影响铜生产商 A 与铜生产商 B 相比所提供的净感知价值。

哈佛大学经济学家西奥多·莱维特（Theodor Levitt）曾说："不存在所谓的商品。所有产品和服务都是有区别的。商品只是一种等待被区分的产品。"我同意他的话。当有人说他们在销售一种商品时，我会将其理解为一种商业模式的选择，而不是一个类别。对于那些不愿承担开发产品品牌的风险和费用的企业来说，这是一种有效的商业模式。然而，任何产品都可以被差异化，从而实现去商品化。

以盐为例，它是最古老、最基本的商品之一。所有的盐本质上都是同一种化学物质——氯化钠。然而，我们有各种各样类别的盐，如海盐、食盐、粗盐、调味盐、盐之花、夏威夷炭盐、黑夏威夷海盐、死海盐、澳大利亚墨累河岩盐、喜马拉雅山火山黑盐、有机盐、公平贸易盐、岩盐、细盐和喜马拉雅粉晶盐等。有趣的是，这些品类中的许多产品都是仅依靠原产地来实现差异化并获得溢价。原产地可能是一个强大的差异化因素，即使你所处的位置并不是原产地。澳洲坚果和菠萝的"夏威夷化"就是两个最好的例子。这两种食物都不是夏威夷本土的。澳洲坚果原产于澳大利亚，菠萝来自巴拉圭。然而，这两个地区都未能将它们很好地推向市场。夏威夷的生产者将它们作为自己的产品在全球销售。

商品的另一个特点是缺乏定价权。你的价格在很大程度上是由你的竞争对手的价格决定的，因为市场假设你们都在销售完全相同的东西；但是，即使价格（核心成本）是固定的，卖方仍然可以通过 3D 成本模型来减少摩擦成本和关联成本，从而影响净感知成本。同样的，即使核心功能是固定的，同一生产商仍然可以使用 3D 产品模型，用增值功能和增值关联来增加他们的产品价值。这些措施可以在不对核心产品进行品牌化的情况下实施，结果仍然能增加买方的净感知价值，但不是为了收取更高的价格，而是为了推动更高的销量，因为有更多买方更喜欢与你做生意了。

石油和铜经常被引用为商品的案例。糖、茶、咖啡豆、大米、胶原蛋白、小麦、玉米、鸡肉、猪肉、牛肉和鱼等食品也是如此，但也适用于制成品。麻省理工学院斯隆管理学院发表的一篇论文以电动烤面包机为例说明了这一点。第一台商用烤面包机于 1905 年投放市场，售价相当于通货膨胀后的 78 美元。到 1930 年，功能相同的烤面包机在市场上饱和，制作、购买和使用都很容易。从任何定义来看，烤面包机都成了一种商品。110 年后，亚马逊列出了 1727 种不同的烤面包机，价格从 14 美元到 4369 美元不等。有趣的是，其中位价为 78 美元，其中 50% 的型号高于原价，50% 的型号低于原价。麻省理工学院斯隆管理学院的论文总结了商品神话的危险性："高管、企业家和投资者就是太容易相信商品就是命运。结果是其战略重心变得迟钝、商业思维变得狭隘。"

VICO 案例

我的团队最近在做的项目就突出了这一点。这个案例中的客户是一家来自东南亚的上市企业，销售一种商品。我们叫它 VICO（化名）。当这家企业找到我们时，它的年销售额约为 3.5 亿美元，都是 B2B，客户遍布 20 多个国家。就像 EMCO 一样，它是同类产品中的第一家，并且在没有投资品牌或任何营销的情况下，保持了十多年的惊人增长。它纯粹依靠销售团队和扩大生产规模。它打电话给我们是因为其销售增长已经趋于平稳，利润也在下降。随着这个品类变得成熟和更加拥挤，VICO 发现它越来越难以维持高价。客户的忠诚度非常低。打折成了它从竞争对手手中捍卫市场份额的唯一方式。在缺乏强大的品牌形象的情况下，它也发现，如果不支付过高的薪酬，很难争取到最好的员工。

这种模式并不少见。VICO 意识到，单靠销售只能走到这一步。要想更上一层楼，它还需要更多的东西。它开始投资，以获得对市场和买方的洞察力。这使我的团队能够制定与它高度相关的营销战略和价值主张，以及新的品牌标志和沟通平台。它改变了 VICO 的业务。它把曾经作为不知名的商品出售的产品变成了基于企业品牌的、差异化的产品。在推出适当的品牌标志和战略营销计划的 1 年内，这家特殊的企业就能够提高其在全球所有市场的平均销售价格，同时获得市场份额。其销售收入增加了 12%，毛利润增长了 33%。投资者对这一变化也反映良好，企业股票价值同期增长 110% 就反映了这一点。更重要的是，这些业绩都是在其所在行业整体低迷时期取得的。

去商品化

有些产品可能会比其他产品更适合产生差异化。谁能想到，一块磨得很锋利的铝板能保持一个多世纪的差异化，但这正是吉列从 1904 年开始一直在做的事。斐济水（Fiji water）、绝对伏特加（Absolut vodka）、神户牛肉（Kobe beef）、戴比尔斯钻石（De Beers diamonds）都是将潜在商品成功差异化的例子。甚至电力也根据供应商的声誉和生产方法（风能、太阳能、煤炭、石油等）被打上了品牌并加以区分。这些都是高可替代性产品的例子，在这些产品中加入了增值服务和关联，就使其去商品化了。

你如何使你的产品去商品化？弗兰克·普度（Frank Purdue）早在 1970 年就这样做了，他让整个养鸡业去商品化了。普度继承了他家在美国马里兰州的小型养鸡场。在拍卖会上将鸡作为商品出售的做法并不成功。他决定进行差异化经营。他知道许多关于鸡的知识。多年来，这使他忽略了一个事实，即他对购买鸡的人几乎一无所知。因此，他开始了自己的探索，试图发现买家看重的价值。

他离开自己的农场，在纽约市花了一整个夏天的时间探访肉店。每天他都会拿着笔记本上街和屠夫们聊天，了解他们最看重鸡肉的什么。最后，他列出了鸡皮黄、质地嫩、鸡胸丰满等十几个核心特征。他回到自己的养鸡场，开始了选择性育种和喂养计划，以改变鸡的核心特征。他还开展了一场积极的广告宣传活动，以建立其品牌的增值关联。

他成功了。他很快就能把他的鸡肉卖到比别人的鸡肉高

14% 的价格。这并不是因为他养出了品质最好的鸡，而是因为他的鸡是围绕他的目标对象的价值要求喂养的。从那时起，他的业务稳步增长，如今在全球范围内的年销售额约为 70 亿美元。

然而，即使是像普度这样以客户为中心的人也可能出错。在职业生涯后期，普度意识到他的目标市场关注的是减少饮食中的脂肪。他再一次看到了改变价值天平的机会，于是他培育了一种脂肪含量明显较少的鸡，并试图以高价出售。由于他急于在市场上击败竞争对手，所以他决定不在消费者中测试这个想法。这次努力失败了，因为虽然他的目标客户希望减少饮食中的脂肪，但他们并不认为鸡肉是低脂食品的重要来源，也不愿意为低脂鸡肉支付更多的钱。普渡投资了数百万美元，试图用一个增值功能来增加"我得到的"，但他的买方却并不重视这个增值功能。

总结

如果你觉得你在销售商品，那我希望你能把这一点放在心上。虽然产品确实可以有广泛的可替代性，但我坚持认为，没有一种产品是纯粹的商品，也没有一种产品注定要商品化。商品化并不是任何产品的固有属性。它是卖方做出的一个决定，即不投入必要的时间或资源来使他们的产品差异化。

后　记

　　本书涵盖了很多内容。回顾本书内容，两个中心主题浮现出来：视角和价值。

　　作为营销人员，我们倾向于用帮助我们完成工作的工具来定义我们的世界，比如产品、价格、渠道和推广。我希望你现在对为什么要使用这些工具以及使用的目的有了更好的了解。可能你看到的是营销组合的 4 要素，但你的买方只看到一件事：净感知价值是付出和得到之间的平衡。如果你能学会通过买方的眼睛看世界，你也会看到这项价值，你的企业也会因此而发展。

　　本书中提到的每一个营销成功和失败的案例都可以归结为：企业是否能够很好地了解买方，并对他们的需求做出反应。这并不容易做到，尤其是在国际化的工作环境中。广告界知名人物大卫·奥格威曾说过："消费者不会按照自己的感受去思考。他们不会说他们所想的，也不会做他们所说的。"我同意，但这不应该成为你行动的阻碍，因为这件事很重要。你品牌的买方拥有你最关键的营销问题的答案，而且他们的答案总是正确的——只要你知道如何去问。你要培养这种技能，从转换视角开始。一套系统的战略将使你能够在你所服务的市场上提升收集和分析买方需求的能力。

本书的大部分内容既适用于国际营销，也适用于国内营销。品牌在国外市场失败的原因与在国内市场失败的原因有很多相同之处。出于这个原因，你应该努力去了解国内买方的视角，并在国内和国外检测你的假设是否正确。塔吉特认为自己非常了解它的邻居加拿大的市场，所以没有花时间和费用来验证其假设。他们在开始节省了时间和金钱，却最终面临巨额损失。熟悉可能会导致忽视，还会滋生自满。塔吉特的事例告诉我们，你熟悉某个细分市场，并不意味着你了解这个市场。这对于你品牌的国内买方和国际买方来说都是如此。所以，书中概述的做法，在国内和国外都可以使用。国际营销人员的不同之处在于，成功的标准更高，因为有更多的买方群体需要了解，需要做更多的工作来获得他们的观点。然后，为了解决日益复杂的问题，流程就变得更加必要了。

我建议你在进入国外市场时不要过于自信。至少在企业内部，不过于自信是让你的团队保持清醒的好方法。你的局外人身份也有优势。你将有更多的时间来规划你的"进攻"，而当地品牌将在调动他们的"防卫"来应对时就会更加仓促。你的团队会肩负使命，并有取得成功的动力，而不会一切照旧。你将能够以全新的眼光看待市场，而不是像以往那样。你不会自满，并能利用这一优势去竞争。

200 年前，一些商业作家在鲸油灯的光芒下写作时，也许和我现在有同样的不安感，他们写下了这样一句话："我们今天在社会和商业中看到的加速变化，需要我们重新审视我们从前人那里继承下来的商业战略。"他们当时正在思考蒸汽机的出现，而我在思考人工智能和互联网的出现，但其中含义是一样的：现在事情发展得更快了，所以我们需要能够跟上发展速度的商业战略。无论今天的事情看起来多么疯狂，我同样确信，200年后的某个商业作者会怀念21世纪20年代，认为这个时代的事情是如此简单且慢节奏。

假设你们的时代是第一个经历快速变化的时代，这句话似乎是自古以来商业文献中的陈词滥调。我们不是第一代，也不会是最后一代，会感觉到我们周围的世界正在以前所未有的方式加速发展。在一个瞬息万变的世界里，任何商业战略方法的实用性都很难比其创始人的寿命长。

战略师丽塔·冈瑟·麦格拉思甚至表示，如今的企业已经不可能保持可持续的竞争优势了。她认为，既然行业在不断变化，消费者又是如此不可预测，战略优势无论如何都不可能持续超过一两年。那么，为什么还要费心制定长远战略呢？我们今天能做的最好的选择之一，就是找到连续的机会浪潮，建立短暂的战略，以获得暂时的优势，直到我们发现下一个浪潮。

麦格拉思的理念有很多可取之处，她认为企业应该摆脱过去的短视和僵化，拥抱变化和新思想，而不是与之对抗。我也同意，在未来模糊不清的不确定时期，专注于更近距离的战略目标更有意义。但前提是战略是不变的，如果战略今天的失败率越来越高，那么一定是因为市场已经发生了变化，变得对战略产生了抵触。那如果市场是不变的，而问题出在战略的质量上呢？这更符合我作为从业者的观察。这也比第二个前提要合理得多，因为第二个前提说今天的消费者已经变得不可预测了。

我曾经赞同这样一种观点：市场营销中唯一不变的就是变化。今天，我仍然相信变化是不变的，适应性是至关重要的，但至少还有一个不变的因素。在瞬息万变的商业趋势和国民经济命运变化的旋风之下，有一个不变的点——一个简单而稳定的常量，即使在最动荡的时代也可以用作指引，即价值。

价值更多地植根于科学而不是经济理论，它是商业和生物学的最低公约数。即使是单细胞的微观原生动物也会进行价值交易，为了生存，它们会消耗资源，寻找净正值结果。人类也是如此。在这方面，我们一心一意、坚定不移，而且非常可预测。这一点没有被今天的数字革命或全球化所抹去，就像200年前的蒸汽机一样。任何一家企业，如果能够更有效地调动其资源，在其竞争对手之前识别到买方的价值需求，然后通过产品开发并提供有针对性的净正值，就能创造可持续的竞争优势。

当然，如果每个人都能复制你的优势，那么这种优势就无法持续。要让它成为可持续的优势，你需要有某种东西来阻止竞争对手复制它，战略家理查德·鲁梅尔特将其描述为

"隔离机制"。在制定一个好的战略时，需要进行艰苦的工作。很少有企业能做到这一点，或者觉得自己有时间做这件事。这可能是我们生活在快节奏时代的后果。没有人觉得自己有时间制定战略。仅这一点就可以作为一种隔离机制，使你的竞争对手无法复制你的努力。正如鲁梅尔特所指出的："好的战略的第一个天然优势就是因为其他企业往往没有战略，而且他们也不希望你有这样的战略。"